LE CONSENTEMENT DANS LE CONTRAT MEDICAL

Collection « Études africaines »
dirigée par Denis Pryen et son équipe

Forte de plus de mille titres publiés à ce jour, la collection « Études africaines » fait peau neuve. Elle présentera toujours les essais généraux qui ont fait son succès, mais se déclinera désormais également par séries thématiques : droit, économie, politique, sociologie, etc.

Dernières parutions

Kouamé Boye Kobenan, *Mémoire et devenir des traditions des Yiamantô en Côte d'Ivoire. Les forgerons de Soko*, 2022.
Danouchka ASSOUMOU, *Justice militaire et violences sexuelles constitutives de crimes internationaux en RDC*, 2022.
Tshingi KUENO NDOMBASI, *La rue, le peuple et l'État en RDC*, 2022.
Rudy MBEMBA-DYA-BO-BENAZO-MBANZULU, *Dictionnaire des mots français d'origine bantoue*, 2022.
Birama DIOP, *Pouvoir et légitimité. L'État africain sur scène*, 2022.
Jean-Claude TCHEUWA (dir.), *Les organisations internationales africaines. Regards croisés et défis contemporains*, 2022.
Charlemagne SEGBEDJI, *Afro-brésiliens et processus de patrimonialisation dans le sud du Bénin. De la fin du XIXe siècle à nos jours*, 2022.
Guy Saturnin TSÉTSA, *Guide pratique de la saisie immobilière en droit Ohada*, 2022.
Ben Aymar BINASSOUA YEHOUESSI, *L'impôt en Afrique de l'Ouest francophone. L'exemple du Bénin*, 2022.
Fatoumata KABA, *Le droit minier et le droit au développement des communautés autochtones. L'exemple de la Guinée*, 2022.
Nico Shambouy MUAMBI, *L'impact de la décentralisation sur les municipalités en Afrique. Stratégies de développement local à Klouékanmè (Bénin)*, 2022.
Joseph ZIDI, *Histoire et usages du nom Kongo, Essai d'interprétation onomastique*, 2022.

Désiré AMOIKON

LE CONSENTEMENT DANS LE CONTRAT MEDICAL

Étude comparative de la pratique du consentement médical en droit ivoirien à la lumière du droit français

L'Harmattan

5-7, rue de l'École polytechnique, 75005 Paris

www.harmattan.fr

ISBN : 978-2-14-031897-9
EAN : 9782140318979

"Existe-t-il pour l'Homme un bien plus précieux que la Santé ?"

Socrate (Philosophe)

SOMMAIRE

INTRODUCTION 11

PARTIE I : L'EXISTENCE DU CONSENTEMENT DANS LE DROIT MEDICAL FRANÇAIS 19

CHAPITRE I : DU PATERNALISME MEDICAL A L'AVENEMENT DU CONSENTEMENT EN DROIT MEDICAL FRANÇAIS 21

1- Le paternalisme médical 21
2- La consécration du consentement médical dans le contrat de soins en droit français 31

CHAPITRE II : LE CONSENTEMENT LIBRE ET ECLAIRE EN DROIT MEDICAL FRANÇAIS 51

1- L'assentiment libre et éclairé du patient : une condition essentielle à la validation du contrat de soins 51
2- Le consentement donné par autrui 71

PARTIE II : LE CONSENTEMENT DANS LE CONTRAT DE SOINS EN DROIT IVOIRIEN A LA LUMIÈRE DU DROIT FRANÇAIS 81

CHAPITRE I : L'ABSENCE DE REGLEMENTATION PRECISE SUR LE CONSENTEMENT MEDICAL DANS LE CONTRAT DE SOINS EN DROIT IVOIRIEN 83

1- Le consentement dans le contrat de soins au regard de l'environnement juridique ivoirien 83
2- La nécessite et l'urgence d'établir un nouveau code de la sante publique ivoirien 111

CHAPITRE II : L'ADHESION AU CONTRAT DE SOINS EN DROIT IVOIRIEN : L'EQUIVALENT DU CONSENTEMENT ECLAIRE ET LIBRE EN DROIT FRANÇAIS 117

1- Le paternalisme médical : pratique en Côte d'Ivoire 119
2- La nécessite de faire naitre le consentement libre et éclairé dans le contrat de soins en droit ivoirien 133

CONCLUSION GENERALE 143

BIBLIOGRAPHIE 145

TABLE DES MATIERES 153

INTRODUCTION

L'Organisation Mondiale de la santé (OMS) dans le préambule de sa constitution définit la santé comme « *un état de bien-être complet physique, mental et social, et ne consiste pas seulement en une absence de maladie ou d'infirmité.* »
Cette définition à cause de sa complétude, n'a pas fait l'objet de modification depuis 1946 et reste la définition par excellence de la santé.

La santé publique, quant à elle, se définit selon Charles-Edward Winslow comme : « *la science et l'art de prévenir les maladies, de prolonger la vie et de promouvoir la santé et l'efficacité physiques à travers les efforts coordonnés de la communauté pour l'assainissement de l'environnement, le contrôle des infections dans la population, l'éducation de l'individu aux principes de l'hygiène personnelle, l'organisation des services médicaux et infirmiers pour le diagnostic précoce et le traitement préventif des pathologies, le développement des dispositifs sociaux qui assureront à chacun un niveau de vie adéquat pour le maintien de la santé, l'objet final étant de permettre à chaque individu de jouir de son droit inné à la santé et à la longévité*[1]. »

L'OMS ne reste pas en marge de la définition de la santé publique. Pour elle, la santé publique se définit comme « *la science et l'art de prévenir les maladies, de prolonger la vie et d'améliorer la santé physique et mentale à un niveau individuel et collectif. Le champ d'action de la santé publique inclut tous les*

[1] Cette définition a été initialement publiée dans la revue *Science* en 1920

systèmes de promotion de la santé, de prévention des maladies, de lutte contre la maladie (médecine et soins) et de réadaptation. »
Revêtant donc un caractère extrêmement important dans la vie de la personne humaine (sujet de droit), chaque État s'efforce à instaurer des assises tant sur le plan organisationnel que juridique pour la garantir à sa population.

Ainsi, dans la Déclaration Universelle des Droits de l'Homme du 10 décembre 1948, « *toute personne a droit à un niveau de vie suffisant pour assurer sa santé, son bien-être et ceux de sa famille, notamment pour l'alimentation, l'habillement, le logement, les soins médicaux ainsi que pour les services sociaux nécessaires; elle a droit à la sécurité en cas de chômage, de maladie, d'invalidité, de veuvage, de vieillesse ou dans les autres cas de perte de ses moyens de subsistance par suite de circonstances indépendantes de sa volonté.*
La maternité et l'enfance ont droit à une aide et à une assistance spéciales. Tous les enfants, qu'ils soient nés dans le mariage ou hors mariage, jouissent de la même protection sociale[2]. »

En France, le point 11 du préambule de la Constitution du 27 octobre 1946 énonce ceci :
« *Elle garantit à tous, notamment à l'enfant, à la mère et aux vieux travailleurs, la protection de la santé, la sécurité matérielle, le repos et les loisirs. Tout être humain qui, en raison de son âge, de son état physique ou mental, de la situation économique, se trouve dans l'incapacité de travailler a le droit d'obtenir de la collectivité des moyens convenables d'existence.* »

---

[2] Article 25 de la Déclaration Universelle des Droits de l'Homme

La charte africaine des droits de l'homme et des peuples s'inscrit dans le même canevas. On lit dans l'article 16 que :
« *Toute personne a le droit de jouir du meilleur état de santé physique et mentale qu'elle soit capable d'atteindre.*
Les États parties à la présente Charte s'engagent à prendre les mesures nécessaires en vue de protéger la santé de leurs populations et de leur assurer l'assistance médicale en cas de maladie. »

En Côte d'Ivoire, la Constitution du 8 novembre 2016 instituant la Troisième République se prononce sur l'accès aux services de santé en ces termes :
« *Toute personne a également droit à un accès aux services de santé*[3]. »
Cette constitution va plus loin en s'engageant à « *(…) garantir l'accès des personnes vulnérables aux services de santé, à l'éducation, à l'emploi et à la culture, aux sports et aux loisirs*[4]. »

A cause de sa complexité et de sa délicatesse, la santé est confiée à des personnes qualifiées, averties et extraverties que sont les professionnels de santé. Ceux-ci, après de longues études et des recherches approfondies sur le corps humain, exercent ce sacerdoce sur des personnes éprouvant un mal dans leurs corps.
La relation praticien – patient, loin d'être parfaite est toujours empreint de risques. Longtemps dominée par le paternalisme médical en France, elle est aujourd'hui

[3] Article 9 alinéa 2 de la Constitution Ivoirienne de la Troisième République du 8 novembre 2016
[4] Article 32 alinéa 2 de la Constitution Ivoirienne de la Troisième République du 8 novembre 2016

caractérisée par l'autonomie du patient. Le patient est désormais au cœur du couple praticien – patient contrairement en Côte d'Ivoire où le paternalisme médical bien souvent malveillant bat toujours son plein. Comment qualifie-t-on le lien entre le toubib et le patient ?

La réponse à cette question nous conduit à interroger le juge civil. En effet, le lien entre le toubib et le patient est qualifié de contrat. Cette qualification tire sa source dans le célèbre arrêt Mercier du 20 Mai 1936 à travers l'un de ses attendus :

« *Il se forme entre le médecin et son client un véritable contrat comportant pour le praticien, l'engagement sinon bien évidemment de guérir le malade, ce qui n'a d'ailleurs jamais été allégué, du moins de lui donner des soins, non pas quelconque ainsi que paraît l'énoncer le moyen de pourvoi, mais consciencieux, attentifs et réserves faites des circonstances exceptionnelles conformes aux données acquises de la Science*[5]. »

Cet attendu définit juridiquement la relation entre le médecin et son client (patient).

Selon l'article 1101 du Code civil français : « *le contrat est un accord de volontés entre deux ou plusieurs personnes destinées à créer, modifier, transmettre ou éteindre des obligations.* »

En droit ivoirien, c'est également l'article 1101 du Code civil qui définit le contrat en ces termes :

« *Le contrat est une convention par laquelle une ou plusieurs personnes s'obligent, envers une ou plusieurs autres, à donner, à faire ou à ne pas faire quelque chose.* »

---

[5] Cour de cassation, Civ., 20 mai 1936, Mercier

En droit français, le contrat civil, pour sa validité, est soumis à des conditions énumérées à l'article 1128 du Code civil. A la lecture de cet article, nous retenons que pour qu'un contrat soit valide il faut la réunion de trois conditions à savoir le consentement des parties au contrat (créancier et débiteur), leur capacité à contracter et un contenu licite et certain (l'objet du contrat).
En droit ivoirien, les conditions de validité du contrat civil sont énumérées à l'article 1108 du Code civil.
Quatre conditions sont essentielles pour la validité d'une convention à savoir le consentement de la partie qui s'oblige, sa capacité de contracter, un objet certain qui forme la matière de l'engagement et une cause licite dans l'obligation.
Le consentement dans son aspect définitionnel est un « *assentiment donné à une proposition en vue de conclure un acte juridique*[6] ».
Dans le Code civil français, le consentement n'est pas défini tout comme dans le Code civil ivoirien. Les deux Codes civils donnent des conditions pour que le consentement soit valable.
Dans le premier Code, « *Conformément à l'article 414-1, il faut être sain d'esprit pour consentir valablement à un contrat*[7]. »
Dans le deuxième Code « *Il n'y a point de consentement valable, si le consentement n'a été donné que par erreur, ou s'il a été extorqué par violence ou surpris par dol*[8]. »

---

[6] Le Grand dictionnaire terminologique
[7] Article 1129 du Code civil français
[8] Article 1109 du Code civil Ivorien

Le contrat médical s'inspire de ces conditions cumulatives du contrat civil mais des divergences sont à relever notamment concernant le consentement.
Le consentement dans le contrat médical doit être renouvelé de façon autonome et à chaque acte médical alors que dans le contrat civil, le consentement n'est pas toujours renouvelable quand il est exprimé.
Le droit médical français l'a formalisé et l'a rendu obligatoire dans toutes les relations contractuelles médicales. Cette consécration n'a pas été faite par un coup de magie. Elle est née des limites d'un principe qui a gouverné par le passé la relation praticien-patient : le paternalisme médical.
A l'instar de la France, plusieurs pays ont fait de même mais ce n'est pas le cas dans certains pays où le consentement à l'acte médical est encore subordonné à l'influence du praticien.

La Côte d'Ivoire, on le sait a eu une histoire particulière avec la France depuis 1893 et cette histoire a entraîné des répercussions sur son organisation postcoloniale. On remarque que l'organisation juridique, judiciaire, économique, politique et sanitaire en Côte d'Ivoire s'est largement inspirée du modèle français. Mais le mimétisme des lois et de l'organisation française par la Côte d'Ivoire quoi qu'il soit visible dans les domaines précités mais plus dans le domaine sanitaire, est resté statique, immobile et paralysé depuis bien longtemps. Le législateur ivoirien ne s'est plus donné beaucoup de mal à légiférer dans ce domaine. A contrario, le législateur français ne s'est fait pas prier pour rendre fulgurante l'évolution du système sanitaire à travers l'adoption de

plusieurs lois et surtout à travers l'optimisation de celui-ci.
Aujourd'hui, on parle du droit médical en France avec pour référence le patient au centre de la relation praticien – patient. Or, en Côte d'Ivoire, on stagne toujours dans une atmosphère médicale dans laquelle le patient n'est pas vraiment considéré déjà dans la relation praticien – patient *a fortiori* dans le système. En France, on voit toute la place qu'il occupe dans le système sanitaire à travers son autonomie.
Comment cette autonomie s'est construite en droit français ? Comment le patient qui était initialement dans le droit français « sous l'emprise » du praticien s'est retrouvé au centre de la relation médicale ? Comment le consentement libre et éclairé précédé de l'obligation d'information vanté parfois à l'excès s'est imposé dans la recherche du consentement ?

En faisant une approche comparative, peut-on parler d'un droit médical des pays en Afrique plus précisément en Côte d'Ivoire ?
Le patient est-il considéré comme un sujet de droit jouissant d'une dignité et d'une autonomie à part entière en Côte d'Ivoire ? Quelle est la véritable place du patient dans le contrat de soins en droit ivoirien ? Quelle est l'importance et la portée de la décision du patient dans la relation de soins en Côte d'Ivoire ?
Quelle est la forme du consentement médical en droit ivoirien ? Peut-on parler du « consentement libre et éclairé » dans le contrat médical en Côte d'Ivoire ? Doit-on abandonner les pratiques actuelles pour adopter une autre en mettant au cœur du système sanitaire

ivoirien et de la relation praticien-patient, le patient, lui, le principal acteur de cette relation ?
Pour répondre à cette panoplie de questionnements, une étude comparative du consentement dans le contrat de soins ivoirien sera faite à la lumière du droit français.

Le concept du consentement libre et éclairé, socle du contrat médical, a réussi à se faire une véritable place dans le droit médical français lui qui était autrefois marqué par le paternalisme médical (Première partie). A l'ère actuelle, le consentement médical en droit ivoirien mérite d'être revu sous les projecteurs du droit français (Deuxième partie).

« J'ai décidé d'être heureux parce que c'est bon pour la santé. »
Voltaire
Artiste, Auteur d'ouvrages philosophiques, Auteur de contes, Dramaturge, écrivain, Philosophe, Poète (1694 - 1778)

PARTIE I

L'EXISTENCE DU CONSENTEMENT DANS LE DROIT MEDICAL FRANÇAIS

Le consentement dans le droit médical français tel que le définit et le structure le code de la santé publique n'est pas l'œuvre d'une illumination. Il a une histoire assez complexe.

Avant d'évoquer le consentement libre et éclairé en droit médical français (Chapitre deuxième), celle du paternalisme médical sera traitée en amont (Chapitre premier).

CHAPITRE I

DU PATERNALISME MEDICAL A L'AVENEMENT DU CONSENTEMENT EN DROIT MEDICAL FRANÇAIS

Dans ce présent chapitre, le paternalisme médical sera abordé dans la partie première.
Comment la consécration du consentement médical, libre et éclairé s'est entérinée dans le droit médical français ?
La réponse à cette interrogation sera développée dans la deuxième partie.

1- LE PATERNALISME MEDICAL

Les raisons du paternalisme passeront au crible et nous percevrons de façon plus explicite que le paternalisme médical peut être considéré comme une infantilisation du patient.

1-1 LES RAISONS DU PATERNALISME MEDICAL

Il nous parait indispensable de définir le paternalisme médical (A) et de voir, après l'avoir défini, comment il s'est imposé dans le droit médical français (B).

A- LA DEFINITION DU PATERNALISME MEDICAL

Pour définir le paternalisme médical, il faudrait avoir une vue panoramique. Le mot paternalisme apparait pour la première fois dans la langue française en 1894 ; il est emprunté de l'anglais (« *paternalism* ») dont la première attestation remonte à 1881[9].

Le dictionnaire anglais *Oxford English* définit le paternalisme en ces mots: « *the principle of acting a in a way like that of a father towards his children.* » La traduction littérale donne ceci : « le principe d'agir à la manière d'un père envers ses enfants. » Le paternalisme est donc le principe d'action à la manière d'un père envers ses enfants.

En continuant notre périple définitionnel, on fait une halte au niveau du dictionnaire *le Grand Larousse.* Ce dictionnaire définit le paternalisme comme : « le comportement d'une personne ou d'une collectivité qui sous couvert d'accorder une aide ou une protection désintéressée, exerce, en réalité une tutelle ou une domination. » En d'autres termes, et toujours avec le dictionnaire le *Grand Larousse,* « le paternalisme est un comportement, une attitude consistant à maintenir un rapport de dépendance ou de subordination tout en lui donnant une valeur affective à l'image des relations familiales[10]. »

---

[9] Bernice S. Elger, *Le paternalisme médical : Mythe ou Réalité ?* Éditions Médecine et Hygiène, 2010, p. 23

[10] Larousse. (S. d.). Paternalisme, Dictionnaire en ligne, [Consulté le 25 mai 2021], [Www.larousse.fr]

Le dictionnaire le *Grand Robert* va dans ce même sens. Pour ce dictionnaire, le paternalisme est « la tendance à imposer un contrôle, une domination, sous couvert de protection. »

Ces deux définitions mettent en exergue un élément : il s'agit de la domination. En effet, le paternaliste bien qu'ayant pour projet d'aider et de protéger, a pour véritable intention la domination. Derrière ce noble dessein se cache en réalité l'assujettissement si on s'en tient à la définition *stricto sensu* du paternalisme.

Le paternalisme médical quant à lui, est défini comme une pratique consistant pour le praticien à se substituer à son patient dans la prise de décision concernant la santé de celui-ci. Dans la notion de paternalisme, on a la racine *pater* qui signifie en latin père. Le praticien est considéré comme un père de famille qui agit envers son enfant. Dans ce cas, il est censé agir dans l'intérêt de son patient. On distingue deux éléments dans la définition du paternalisme médical à savoir l'intérêt de la personne « assujettie » qui est le patient et la « domination » du paternaliste en la personne du médecin.
L'intérêt de la personne « assujettie » appelle à la protection du patient contre lui-même. En effet, le praticien en étant paternaliste ne veut que du bien pour son patient puisque généralement celui-ci est un profane de la science médicinale.

La « domination » du paternaliste médical ramène à une immixtion dans l'autonomie[11] du patient dans l'optique d'avoir un profit qui n'est autre que le bien-être de celui-ci. C'est se comporter envers une personne en ne considérant pas son autonomie or l'autonomie est un concept-clef qui définit le paternalisme médical.
Pour le Professeur émérite Gérard MÉMETEAU, ce fut le *Traité de droit médical,* Traité publié en 1956 qui a développé les aspects juridiques du paternalisme médical après la chronique de l'un de ses auteurs, le doyen René Savatier[12].

Analysons dans la deuxième partie de ce paragraphe, le contexte d'application et de justification du paternalisme médical dans le droit français.

B- LE CONTEXTE DE JUSTIFICATION DU PATERNALISME MEDICAL DANS LE DROIT FRANÇAIS

Plusieurs raisons ont justifié cette pratique qui a gouverné par le passé la relation entre le praticien et le patient. Le paternalisme médical est en principe centré

[11] Le sens étymologique de l'expression autonomie tire sa source dans le grec : *Autos* qui veut dire soi-même et *nomos* qui signifie loi. En faisant la jonction des deux expressions, on pourrait dire l'autonomie est le fait de se fixer des lois pour soi-même

[12] Gérard MEMETEAU, « Éloge du paternalisme médical », RGDM [en ligne], 2017, p.117-118, [consulté le 25 mai 2021]

sur l'intérêt du patient certes mais le met en marge dans la prise de décision le concernant.
Le médecin comme on l'a dit, se comportant comme un père de famille, ne va rechercher que le bien-être de celui-ci qu'il considère comme son fils. Dans cette dynamique, c'est lui qui sera en amont et en aval dans le colloque singulier entre le patient et lui.

Dans les saintes écritures, le Christ posait un certain nombre de questions à la foule. Il disait :
« *Quel est parmi vous le père qui donnera une pierre à son fils, s'il lui demande du pain ? Ou, s'il demande un poisson, lui donnera-t-il un serpent au lieu d'un poisson ? Ou, s'il demande un œuf, lui donnera-t-il un scorpion ?*[13] »

En les transposant en droit médical, nous nous posons aussi les mêmes questions : Quel est parmi les praticiens celui qui donnera du poison à son patient qui demandera à guérir ? Quel est le praticien qui laissera mourir son patient alors qu'il a la possibilité de l'aider à recouvrer la santé ?

A ces questions, on répondra logiquement aucun, en nous basant sur le serment d'Hippocrate. Le serment d'Hippocrate même s'il a été modifié, sa substance n'a pas changé comme nous le rappelle le conseil national de l'ordre des médecins. Dans le texte d'origine traduit par Émile Littré, il est noté :

---

[13] Évangile selon Saint Luc chapitre 11 verset 11 à 12

« Je dirigerai le régime des malades à leur avantage, suivant mes forces et mon jugement, et je m'abstiendrai de tout mal et de toute injustice. Je ne remettrai à personne du poison, si on m'en demande, ni ne prendrai l'initiative d'une pareille suggestion ; semblablement, je ne remettrai à aucune femme un pessaire abortif. Je passerai ma vie et j'exercerai mon art dans l'innocence et la pureté ».

Le serment d'Hippocrate a été revu par l'Ordre des médecins en 2012. Dans sa nouvelle version on lit ceci :

« Au moment d'être admis(e) à exercer la médecine, je promets et je jure d'être fidèle aux lois de l'honneur et de la probité. Mon premier souci sera de rétablir, de préserver ou de promouvoir la santé dans tous ses éléments, physiques et mentaux, individuels et sociaux.
Je respecterai toutes les personnes, leur autonomie et leur volonté, sans aucune discrimination selon leur état ou leurs convictions. J'interviendrai pour les protéger si elles sont affaiblies, vulnérables ou menacées dans leur intégrité ou leur dignité. Même sous la contrainte, je ne ferai pas usage de mes connaissances contre les lois de l'humanité.
J'informerai les patients des décisions envisagées, de leurs raisons et de leurs conséquences.
Je ne tromperai jamais leur confiance et n'exploiterai pas le pouvoir hérité des circonstances pour forcer les consciences.
Je donnerai mes soins à l'indigent et à quiconque me les demandera. Je ne me laisserai pas influencer par la soif du gain ou la recherche de la gloire.
Admis(e) dans l'intimité des personnes, je tairai les secrets qui me seront confiés. Reçu(e) à l'intérieur des maisons, je respecterai les secrets des foyers et ma conduite ne servira pas à corrompre les mœurs.

Je ferai tout pour soulager les souffrances. Je ne prolongerai pas abusivement les agonies. Je ne provoquerai jamais la mort délibérément.
Je préserverai l'indépendance nécessaire à l'accomplissement de ma mission. Je n'entreprendrai rien qui dépasse mes compétences.
Je les entretiendrai et les perfectionnerai pour assurer au mieux les services qui me seront demandés.
J'apporterai mon aide à mes confrères ainsi qu'à leurs familles dans l'adversité.
Que les hommes et mes confrères m'accordent leur estime si je suis fidèle à mes promesses ; que je sois déshonoré(e) et méprisé(e) si j'y manque[14]. »

En analysant profondément le texte d'origine traduit par Émile Littré et la version modifiée par le conseil national de l'ordre des médecins, on peut déduire que le fondement de la mission du médecin est de préserver la vie du patient dont il s'occupe. Le principe issu du serment est celui du *primum non nocere* qui signifie « d'abord ne pas nuire ».
Le patient ne doit pas en principe avoir des craintes en se fiant et en confiant au praticien puisque celui-ci fait le serment « *…de rétablir, de préserver ou de promouvoir la santé dans tous ses éléments, physiques et mentaux, individuels et sociaux…* ».

[14] *Le Serment d'Hippocrate,* Conseil national de l'Ordre des médecins [en ligne] [consulté le 25 mai 2021]

Tout ceci résume le principe de bienfaisance qui fait partie des quatre grands principes de la bioéthique[15].
Dans les liens du paternalisme médical et en se basant sur les paroles qui constituent le serment d'Hippocrate, on pourrait affirmer sans nous tromper que les manifestations du paternalisme médical ne sauraient empiéter sur la mission du praticien qui est avant tout d'abord ne pas nuire.

Une autre justification du paternalisme médical au-delà du principe de bienfaisance pourrait être l'idée de la moralité. Selon une théorie déontologique soutenant par exemple la sacralité de la vie, une action paternaliste qui sauve la vie d'une personne sera justifiée (comme lors d'une tentative de suicide), même contre la volonté de celle-ci. En effet, une théorie déontologique partira du principe qu'une certaine moralité est valable pour tout le monde. Si une personne agit contre cette moralité – en ne respectant par exemple pas la sacralité de la vie en tentant un suicide – on a le droit de l'empêcher d'agir immoralement par une action paternaliste[16].
Le patient peut se confier totalement au médecin sans penser au pire. Ainsi, on peut chanter les louanges du paternalisme médical.

---

[15] « La bioéthique est l'étude systématique de la conduite humaine dans le cadre des sciences de la vie et de la santé, examinée à la lumière des valeurs et des principes moraux » (*Encyclopedia of Bioethetics*).
Dans les principes gouvernants la bioéthique, nous avons le principe de bienfaisance, le principe du respect de l'autonomie, le principe de non-malfaisance et le principe de justice.
[16] Bernice S. Elger, op. cit., p.82

Il est vrai que dans le paternalisme médical, le patient subit la relation dans son intérêt mais n'est-il pas trop infantilisé ?

1-2 LE PATERNALISME MEDICAL : UNE INFANTILISATION DU PATIENT

Le paternalisme médical ne doit pas être tellement angélisé parce qu'il permet la prise d'une décision médicale sans que la personne qui en fait l'objet n'y consente[17]. Cette pratique bien qu'ayant des retombées positives par endroit, met en marge partiellement la dignité du patient. La relation contractuelle est déséquilibrée car une partie est supérieure à l'autre alors que dans le contrat, toutes les parties doivent jouir de l'égalité. Le professeur Louis Portes faisait cette précision :

« *Face au patient, inerte et passif, le médecin n'a en aucune manière le sentiment d'avoir à faire à un être libre, à un égal, à un pair, qu'il puisse instruire véritablement. Tout patient est et doit être pour lui comme un enfant à apprivoiser, non certes à tromper — un enfant à consoler, non pas à abuser — un enfant à sauver, ou simplement à guérir.*[18] »

---

[17] *Dictionnaire du droit de la santé,* p. 289

[18] Portes (Louis) : « Du consentement à l'acte médical » (Communication à l'Académie des Sciences Morales et Politiques, 30 janvier 1950), in A la recherche d'une éthique médicale, Paris, Masson et PUF, 1955, p. 163.

« *Je dirai donc que l'acte médical normal n'étant essentiellement qu'une confiance [celle du patient] qui rejoint librement une conscience [celle du médecin], le consentement 'éclairé' du malade [...] n'est en fait qu'une notion mythique que nous avons vainement cherché à dégager des faits. Le patient, à aucun moment, ne 'connaissant' au sens strict du terme, vraiment sa misère, ne peut vraiment 'consentir' à ce qui lui est affirmé, ni à ce qui lui est proposé - si du moins nous donnons au mot consentement sa signification habituelle d'acquiescement averti, raisonné, lucide et libre*[19]. »

Dans le paternalisme médical, il y a une asymétrie congénitale entre le praticien et le patient. Cette asymétrie se traduit par l'inégalité des connaissances, l'inégalité des compétences ainsi que celle de l'expérience. Dans cette pratique, le patient est infantilisé tant sur le point de l'information préalable, de la consultation que sur la décision.

Dans l'information préalable, vu que le patient est généralement un profane de la science médicinale, il n'y a pas vraiment un échange. Le patient se conforte dans sa condition de « fils » puisqu'il se remet à l'homme de l'art à travers la confiance qu'il lui accorde aveuglement. C'est donc à juste titre que le Professeur Louis PORTES affirme qu'une confiance [celle du patient] rejoint librement une conscience [celle du médecin].

---

[19] Ibid., p. 170

Dans la consultation qui part du diagnostic au traitement, le médecin assume pleinement son rôle sous le silence du patient comme on l'a dit plus haut, dénué de connaissances mais aussi et surtout affaibli par le mal qui le ronge.

Dans la prise de décision, le patient est complétement ignoré. Pire, il est réduit malgré son émancipation à la « minorité ». La décision reviendra au praticien, qui va ordonner au patient, par le biais de l'ordonnance. Le patient devra pratiquer l'obéissance s'il souhaite revoir la restauration de son corps.

Le paternalisme médical, pratique qui a influencé la relation contractuelle entre le praticien et le patient pendant de longues décennies, a fini par connaitre un point de chute.
Comment en sommes-nous arrivés à la fin de cette pratique ? Quel a été l'élément déclencheur et quelle a été la pratique qui l'a substitué ?

Dans la section deuxième de ce présent chapitre, ces interrogations trouveront des réponses.

2- LA CONSECRATION DU CONSENTEMENT MEDICAL DANS LE CONTRAT DE SOINS EN DROIT FRANÇAIS

Avant sa consécration à travers la loi Kouchner[20], le consentement libre et éclairé montrait déjà sa présence à travers la jurisprudence et certains textes internationaux.

2-1 : LES PREMICES DU CONSENTEMENT MEDICAL DANS LA JURISPRUDENCE ET DANS LES TEXTES INTERNATIONAUX

Nous ferons « revivre » les juges qui ont statué dans le célèbre et mémorable arrêt Teyssier, le 28 janvier 1942 (A) avant de faire une incursion dans les textes internationaux (B).

A- LA CONSECRATION JURISPRUDENTIELLE (L'arrêt Teyssier -28 janvier 1942)

Le principe du consentement médical tel qu'encensé aujourd'hui par tous, n'a vu le jour véritablement qu'en 1942 avec l'arrêt Teyssier[21]. En analysant profondément cet arrêt, il ressort que « Monsieur Teyssier, "conducteur d'automobile" professionnel a été, le 30 mars 1930, victime d'un accident de la circulation. Il a été transporté à l'Hôpital Saint André, alors principal hôpital de la ville de Bordeaux, dans le service chirurgical du Docteur P... On y diagnostiqua plusieurs fractures du membre

[20] Loi n° 2002-303 du 4 mars 2002 relative aux droits des malades et à la qualité du système de santé

[21]Chambre des Requêtes de la Cour de cassation, 28 janvier 1942, Teyssier

supérieur gauche : double fracture de l'humérus et fracture du radius et du cubitus. La fracture du bras a été réduite, mais celles de l'avant-bras ne pouvant l'être correctement, le chirurgien, qui avait le choix entre un traitement orthopédique par appareil plâtré et une ostéosynthèse, a procédé, le 5 avril, à cette dernière opération. Malheureusement, cette intervention a eu des suites anormales : forte fièvre dès le lendemain de l'opération, phlegmon gangreneux le 10 avril, vives souffrances à la mobilisation sous anesthésie le 14 juin, puis, dans la nuit du 4 juillet, phénomènes infectieux graves qui imposèrent, en urgence, l'amputation de l'avant-bras, le lendemain.
Le 4 juillet 1931, Monsieur Teyssier a engagé devant le tribunal civil de Bordeaux une action en responsabilité, tant contre le chirurgien que contre les Hospices et paiement d'une indemnité de 300.000 francs. Il reprochait au médecin d'avoir procédé, à son insu, à une intervention inopportune, prétendant que cette opération n'avait eu d'autre fin que de fournir la matière d'une greffe à une tierce personne. Sur l'exception très vraisemblablement invoquée par les adversaires, le tribunal s'est, par jugement du 23 décembre 1931, déclaré incompétent, au motif que l'Administration des hospices, établissement public, était justiciable de la juridiction administrative. Monsieur Teyssier a relevé appel de ce jugement. Il a aussi porté son action devant le Conseil d'État, en tant qu'elle était dirigée contre les Hospices. Après avoir ordonné une expertise, cette juridiction a rejeté la demande de Monsieur Teyssier, par arrêt du 12 mars 1937. Ce dernier a alors relancé l'instance contre le médecin, devant la Cour d'appel de Bordeaux. Celle-ci,

retenant la compétence de la juridiction judiciaire a, par arrêt du 4 juin 1937, condamné le médecin à payer à Monsieur Teyssier une indemnité de 30.000 francs. Le pourvoi du Docteur P. contre cet arrêt a été rejeté par arrêt de la Cour de cassation du 28 janvier 1942. »[22]

Les questions essentielles posées à la Cour de cassation bifurquaient. L'une d'entre elles était en relation avec la détermination de l'ordre de juridiction (administrative ou judiciaire) qui pouvait connaître de la demande tandis que l'autre traitait de la responsabilité du médecin.

En définitive, les juges de droit ont estimé que les deux questions étaient intimement liées. Pour eux, le médecin avait clairement engagé sa responsabilité en n'ayant pas informé le patient du traitement que celui-ci allait subir et surtout, en n'ayant pas requis son assentiment avant de faire ces actes médicaux.

Cette jurisprudence montrait déjà l'existence embryonnaire de l'obligation d'information ainsi que l'obligation de recueillement du consentement avant tout acte médical. Aussi, par cette décision louable, le non-respect de ces obligations dont le praticien est assujetti, est constitutif de faute imputable à celui-ci. Faute qui pourrait engager sa responsabilité médicale et qui dans notre cas d'espèce a engagé la responsabilité du toubib.

L'assentiment du patient avant l'acte médical, après avoir été consacré jurisprudentiellement, a été consolidé par des textes internationaux.

---

[22] HISTOIRE DES SCIENCES MÉDICALES - TOME XXX V - № 3 - 2001 Page 300, Bernard HŒRNI et J. P. BOUSCHARAI

B- LES TEXTES INTERNATIONAUX TRAITANT DU CONSENTEMENT MEDICAL

Après la consécration prétorienne à travers l'arrêt Teyssier, le consentement préalable du patient avant tout acte médical, a été affirmé et consolidé sur le plan international. On le retrouve dans le code de Nuremberg de 1947 (a), dans la déclaration d'Helsinki de l'association mondiale de 1964 (b), dans la déclaration pour la promotion des droits des patients en Europe de 1994 (c) et dans la convention d'Oviedo de 1997 sur les droits de l'homme et la biomédecine (d).

a- LE CODE DE NUREMBERG DE 1947

Des deux guerres mondiales, la seconde a été la plus meurtrière. Le nombre de morts équivalait à environ soixante (60) millions et c'étaient les civils qui en constituaient la majorité. Après ce bilan exécrable, il fallait situer les responsabilités de toutes parts et reconstruire le monde sur des valeurs qui mettraient en marge de façon radicale toutes les raisons qui « justifiaient » ces morts.
Qui a décidé de la tenue du procès et pourquoi le choix de Nuremberg ?
Ce procès a été décidé par les puissances alliées de la seconde guerre mondiale avec en tête de file les États-Unis. Le choix de Nuremberg était d'ordre symbolique parce que c'est dans cette ville historique que Adolphe Hitler voulait organiser le congrès annuel du parti nazi. Il

avait fait de Nuremberg la capitale idéologique du troisième Reich.
Au compte des chefs d'accusation, on pouvait en énumérer quatre (04) à savoir : la conjuration, les crimes de guerre, les crimes contre la paix et, pour la première fois de l'histoire, les crimes contre l'humanité. Ce principe nouveau recouvre "le meurtre, l'extermination, l'asservissement, la déportation et autres actes inhumains commis aux dépens de toute population civile avant ou pendant la guerre ; les persécutions pour des motifs politiques, raciaux ou religieux" selon la constitution du Tribunal militaire international[23].
Pendant cette guerre, la neutralité médicale était en villégiature dans certains endroits du monde notamment en Allemagne et au Japon. En plus des armes de guerre, la science médicale était utilisée à des fins d'extermination d'une catégorie de personnes. Et c'étaient des médecins qui manœuvraient sous les ordres des politiques nazis. C'est pourquoi les accusés au procès de Nuremberg qui s'est tenu entre le 9 décembre 1946 et le 20 août 1947, étaient principalement des médecins. On dénombrait vingt-trois (23) accusés dont vingt (20) médecins et trois (03) hauts fonctionnaires du régime nazi.
Au cours de ce procès, sur la question de l'expérimentation humaine, les avocats des accusés ont

---

[23] *Procès de Nuremberg : les criminels nazis devant la justice*, ESTHER BUITEKANT, [en ligne], [Publié le 28/09/2020 à 21h30 - Mis à jour le 19/03/2021], [consulté le 25 mai 2021] www.geo.fr/histoire/proces-de-nuremberg-les-criminels-nazis-devant-la-justice-202232

relevé l'absence du caractère normatif de l'expérimentation humaine sans toutefois nier les faits qui étaient reprochés à leurs clients. En relevant ces questions pertinentes, c'est le droit international qui a été interpellé puisqu'effectivement, il n'y avait aucune règlementation sur le plan international. Le procès de Nuremberg s'est inscrit dans la glèbe de la déontologie médicale à vocation internationale.
De ce procès rempli d'enseignements, est né le code de Nuremberg. Ce code est l'extrait du jugement pénal de 1947. La traduction moderne de référence [24] est la suivante :

1- Le consentement volontaire du sujet humain est absolument essentiel. Cela veut dire que la personne concernée doit avoir la capacité légale de consentir ; qu'elle doit être placée en situation d'exercer un libre pouvoir de choix, sans intervention de quelque élément de force, de fraude, de contrainte, de supercherie, de duperie ou d'autres formes sournoises de contrainte ou de coercition ; et qu'elle doit avoir une connaissance et une compréhension suffisantes de ce que cela implique, de façon à lui permettre de prendre une décision éclairée. Ce dernier point demande que, avant d'accepter une décision positive par le sujet d'expérience, il lui soit fait connaître : la nature, la durée, et le but de l'expérience ; les méthodes et moyens par lesquels elle sera conduite ;

[24] Philippe Amiel, François Vialla, La vérité perdue du « code de Nuremberg » : réception et déformations du "code de Nuremberg" en France (1947-2007), RDSS 2009 ;4 :673-687.

tous les désagréments et risques qui peuvent être raisonnablement envisagés ; et les conséquences pour sa santé ou sa personne, qui pourraient possiblement advenir du fait de sa participation à l'expérience. L'obligation et la responsabilité d'apprécier la qualité du consentement incombent à chaque personne qui prend l'initiative de diriger ou de travailler à l'expérience. Il s'agit d'une obligation et d'une responsabilité personnelles qui ne peuvent pas être déléguées impunément ;

2- L'expérience doit être telle qu'elle produise des résultats avantageux pour le bien de la société, impossibles à obtenir par d'autres méthodes ou moyens d'étude, et pas aléatoires ou superflus par nature ;

3- L'expérience doit être construite et fondée de façon telle sur les résultats de l'expérimentation animale et de la connaissance de l'histoire naturelle de la maladie ou autre problème à l'étude, que les résultats attendus justifient la réalisation de l'expérience ;

4- L'expérience doit être conduite de façon telle que soient évitées toute souffrance et toute atteinte, physiques et mentales, non nécessaires ;

5- Aucune expérience ne doit être conduite lorsqu'il y a une raison a priori de croire que la mort ou des blessures invalidantes surviendront ; sauf, peut-être, dans ces expériences où les médecins expérimentateurs servent aussi de sujets ;

6- Le niveau des risques devant être pris ne doit jamais excéder celui de l'importance humanitaire du problème que doit résoudre l'expérience ;

7- Les dispositions doivent être prises et les moyens fournis pour protéger le sujet d'expérience contre les éventualités, même ténues, de blessure, infirmité ou décès ;

8- Les expériences ne doivent être pratiquées que par des personnes scientifiquement qualifiées. Le plus haut degré de compétence professionnelle doit être exigé tout au long de l'expérience, de tous ceux qui la dirigent ou y participent ;

9- Dans le déroulement de l'expérience, le sujet humain doit être libre de mettre un terme à l'expérience s'il a atteint l'état physique ou mental dans lequel la continuation de l'expérience lui semble impossible ;

10- Dans le déroulement de l'expérience, le scientifique qui en a la charge doit être prêt à l'interrompre à tout moment, s'il a été conduit à croire — dans l'exercice de la bonne foi, de la compétence du plus haut niveau et du jugement prudent qui sont requis de lui — qu'une continuation de l'expérience pourrait entraîner des blessures, l'invalidité ou la mort pour le sujet d'expérience[25].

Le consentement éclairé, sujet qui nous intéresse est classé au premier rang dans le code de Nuremberg et est considéré comme préalable absolu à la conduite de recherche mettant en jeu des sujets humains. Le premier point consacre de manière universelle le recueillement du consentement avant tout acte expérimental et surtout le droit à l'information avant toute expérimentation.

b- LA DECLARATION D'HELSINKI DE L'ASSOCIATION MEDICALE MONDIALE (AMM) DE 1964

La Déclaration d'Helsinki de l'Association Médicale Mondiale[26] met en jeu les principes éthiques applicables à la recherche médicale impliquant des êtres humains. Dans cette déclaration qui contient trente-sept (37) points organisés en douze (12) parties y compris le préambule, on constate qu'elle s'adresse en priorité aux

[25] Extrait du jugement du TMA, Nuremberg, 1947 (trad. française in F. Bayle, Croix gammée contre caducée. Les expériences humaines en Allemagne pendant la Deuxième Guerre Mondiale, Neustadt, Commission scientifique des crimes de guerre, 1950

[26] La déclaration d'Helsinki (Document 17.C) est un document officiel de l'Association médicale mondiale, représentante des médecins dans le monde. Adoptée en 1964 à Helsinki (Finlande), elle fut révisée en 1975 à Tokyo (Japon), en 1983 à Venise (Italie), en 1989 à Hong Kong, en 1996 à Somerset West (Afrique du Sud), en 2000 à Edimbourg (Ecosse) et par l'Assemblée générale de l'AMM, Washington 2002 (addition d'une note explicative concernant le paragraphe 29)

médecins. Les autres professionnels impliqués dans la recherche médicale ne sont pas exclus. Ils sont invités à adopter ces principes contenus dans la Déclaration.
S'agissant du consentement médical, notre sujet, on remarque un élément important. En effet, c'est la 18ème Assemblée générale de l'Association Médicale Mondiale qui a adopté cette Déclaration en juin 1964 en Finlande. Et à cette période, ceux qui l'ont rédigé ont été très avant-gardistes concernant le consentement. Dans la version initiale de 1964, on avait que trois (03) points à savoir : les dispositions communes, l'expérimentation thérapeutique et l'expérimentation non-thérapeutique.
C'est dans le point deux – un (II-1) que le consentement est imprimé en ces termes :

« *Au cours du traitement, le médecin doit avoir la liberté de recourir à une nouvelle méthode thérapeutique s'il juge que celle-ci offre un sérieux espoir de sauver la vie, rétablir la santé ou de soulager les souffrances du malade.*
Il doit dans la mesure du possible et compte tenu de la psychologie du patient, se procurer son consentement libre et éclairé et, en cas d'incapacité juridique, celui de son représentant légal. En cas d'incapacité physique, le consentement du représentant légal remplacera celui du malade. »

La lecture de ce qui précède nous confirme la présence du consentement, et mieux, du consentement libre et éclairé que doit recueillir le médecin avant tout acte sur le patient. Cette présence vient renforcer sur le plan international la consécration du consentement médical libre et éclairé.

Dans la dernière version, celle de la soixante quatrième (64ème) Assemblée générale de l'Association Médicale Mondiale qui s'est tenue en octobre 2013 à Fortaleza au Brésil, une partie est dédiée au consentement éclairé. En effet depuis son adoption en 1964, la Déclaration d'Helsinki a été amendée neuf (09) fois. Dans le dernier amendement (celui de 2013), ce sont les points vingt-cinq (25) à trente-deux (32) qui régissent le consentement libre et éclairé.

c- LA DECLARATION POUR LA PROMOTION DES DROITS DES PATIENTS EN EUROPE DE 1994

Le principe du consentement est également présent dans la Déclaration pour la promotion des droits des patients en Europe. Du vingt-huit (28) au trente (30) mars 1994, la consultation européenne de l'Organisation Mondiale de la Santé s'est déroulée à Amsterdam dans le but de créer un cadre commun fixant des principes pour la promotion et la mise en œuvre des droits des patients en Europe.

En déballant les droits des patients, on perçoit l'information et le consentement respectivement aux points deux (02) et trois (03) de cette Déclaration. Dans le point deux-deux (2-2) de la Déclaration, on lit ceci :

« *Les patients ont le droit d'être pleinement informés de leur état de santé, y compris des données médicales qui s'y rapportent ; des actes médicaux envisagés, avec les risques et avantages qu'ils comportent, et de possibilités thérapeutiques alternatives, y compris des effets d'une absence de traitement ; et du diagnostic, du pronostic, et des progrès du traitement.*[27] »

A l'analyse de ce point, on peut clairement affirmer que l'obligation d'information qui pèse sur le praticien est bel et bien consacrée par cette Déclaration européenne.
Dans le point trois-trois (3-3) de la Déclaration, le consentement éclairé est la condition *sine qua non* avant tout acte médical. On peut noter que :
« *Aucun acte médical ne peut être pratiqué sans le consentement éclairé préalable du patient.*[28] »

d- LA CONVENTION D'OVIEDO SUR LES DROITS DE L'HOMME ET LA BIOMEDECINE DE 1997

La Convention d'Oviedo sur les Droits de l'Homme et la Biomédecine est la Convention pour la protection des Droits de l'Homme et de la dignité de l'être humain à l'égard des applications de la biologie et de la médecine. Elle a été signée le 4 avril 1997 à Oviedo en Espagne.
Elle est le seul appareil juridique internationalement contraignant pour la protection des droits de l'Homme dans le domaine biomédical.
Elle reprend les principes développés par la Convention européenne des Droits de l'Homme dans le domaine de la biologie et de la médecine. Ce texte est une Convention cadre visant à protéger la dignité et l'identité de tous les

---

[27] Déclaration sur la promotion des droits des patients en Europe (O.M.S., Bureau de l'Europe, 1994)
[28] *Ibid.*

êtres humains et à garantir à toute personne, sans discrimination, le respect de son intégrité et de ses autres droits et libertés fondamentales à l'égard des applications de la biologie et de la médecine. Elle établit les principes fondamentaux applicables à la pratique médicale quotidienne et est considérée comme telle dans le Traité européen sur les droits des patients. Elle traite également de manière spécifique de la recherche biomédicale, de la génétique et de la transplantation d'organes et de tissus[29].
En déroulant les rideaux de cette Convention, l'article 5 du chapitre 2 intitulé « Consentement » dispose :

« *Une intervention dans le domaine de la santé ne peut être effectuée qu'après que la personne concernée y a donné son consentement libre et éclairé.*
Cette personne reçoit préalablement une information adéquate quant au but et à la nature de l'intervention ainsi que quant à ses conséquences et ses risques.
La personne concernée peut, à tout moment, librement retirer son consentement.[30] »

Le consentement libre et éclairé fait encore tache d'encre dans ce texte à vocation internationale.
Nous retenons que depuis la consécration de l'information préalable et du consentement médical avant l'acte médical en 1942 à travers l'arrêt Teyssier,

---

[29] « *Convention d'Oviedo et ses Protocoles* », [en ligne], [consulté le 20 juin 2021], www.coe.int/fr/web/bioethics/oviedo-convention
[30] STE 164 – Convention sur les Droits de l'Homme et la biomédecine, 4.IV.1997

d'autres textes internationaux cités plus hauts l'ont cristallisé.

Dans le paragraphe deuxième de cette section, nous analyserons la formalisation dans le code civil et dans loi Kouchner.

2-2-LA FORMALISATION DU CONSENTEMENT LIBRE ET ÉCLAIRÉ EN DROIT FRANÇAIS

La formalisation du consentement médical, libre et éclairé en droit français a été instaurée par la loi Kouchner en 2002 (B). Mais avant, en 1994, le code civil avait légiféré sur le consentement (A).

A- LE CONSENTEMENT SOUS L'ANGLE DU CODE CIVIL

Sous l'aile du Code civil précisément de la loi de 1994[31], le consentement de l'intéressé découle des principes d'autonomie de la personne, de la dignité humaine, et d'inviolabilité du corps humain. Il tire toute sa substance et son essence dans le principe de la dignité humaine. En 1994, il a été formalisé textuellement dans le code civil et c'est l'article 16-3 qui a fait mention de cette question. Cet article dispose :

---

[31] Loi n° 94-653 du 29 juillet 1994 relative au respect du corps humain

« Il ne peut être porté atteinte à l'intégrité du corps humain qu'en cas de nécessité thérapeutique pour la personne.
Le consentement de l'intéressé doit être recueilli préalablement hors le cas où son état rend nécessaire une intervention thérapeutique à laquelle il n'est pas à même de consentir. »

En effet, avant tout acte médical, le praticien doit avant toute chose, recueillir le consentement du patient. En le recueillant préalablement, il s'inscrit dans le respect de la dignité humaine comme le dispose l'article 16 du code civil :

« *La loi assure la primauté de la personne, interdit toute atteinte à la dignité de celle-ci et garantit le respect de l'être humain dès le commencement de sa vie.*

Dans un entretien, Lucien Sève affirme à propos de l'humain :

« *Dans la manière de le traiter, il y'a déjà, en potentiel, la manière de traiter l'espèce humaine, le monde humain, le genre humain, l'être humain, la personne* [32] »

Par ces propos, il faut comprendre que l'être humain a été placé au cœur de toute action. C'est pourquoi en toutes circonstances, rien ne doit transgresser l'intégrité de la personne humaine.

[32] L. SEVE, *in* B. DORAY, *La dignité - Les debouts de l'utopie,* La dispute, 2006, p. 119

En légiférant sur le consentement à travers le Code civil en 1994, le législateur n'avait pas intégré explicitement les termes « libre et éclairé ». Il avait posé le principe général de recueillement du consentement avant tout acte qui porterait atteinte à l'intégrité du corps humain (bien évidemment pour des raisons thérapeutiques).
Les termes « libre et éclairé », proviennent de la loi Kouchner qui fera l'objet du point suivant.

B- LE CONSENTEMENT LIBRE ET ECLAIRE SOUS L'ANGLE DE LA LOI KOUCHNER

En 2002, la loi Kouchner est venue rompre textuellement le paternalisme médical et instaurer l'autonomie du patient. Cette consécration de l'autonomie du patient n'a pas laissé en marge la question du consentement de celui-ci. En effet, cette loi avait pour but de mieux répondre aux attentes des malades en définissant plus explicitement le rôle essentiel des professionnels de santé et en améliorant les droits des patients (en cas d'erreur médicale par exemple).
Concernant l'interrogation sur la question du consentement, l'article 1111-4 du code de la santé publique dispose :

« *Toute personne prend, avec le professionnel de santé et compte tenu des informations et des préconisations qu'il lui fournit, les décisions concernant sa santé.*

Toute personne a le droit de refuser ou de ne pas recevoir un traitement. Le suivi du malade reste cependant assuré par le médecin, notamment son accompagnement palliatif.

Le médecin a l'obligation de respecter la volonté de la personne après l'avoir informée des conséquences de ses choix et de leur gravité. Si, par sa volonté de refuser ou d'interrompre tout traitement, la personne met sa vie en danger, elle doit réitérer sa décision dans un délai raisonnable. Elle peut faire appel à un autre membre du corps médical. L'ensemble de la procédure est inscrit dans le dossier médical du patient. Le médecin sauvegarde la dignité du mourant et assure la qualité de sa fin de vie en dispensant les soins palliatifs mentionnés à l'article L. 1110-10.

Aucun acte médical ni aucun traitement ne peut être pratiqué sans le consentement libre et éclairé de la personne et ce consentement peut être retiré à tout moment.

Lorsque la personne est hors d'état d'exprimer sa volonté, aucune intervention ou investigation ne peut être réalisée, sauf urgence ou impossibilité, sans que la personne de confiance prévue à l'article L. 1111-6, ou la famille, ou à défaut, un de ses proches ait été consulté.

Lorsque la personne est hors d'état d'exprimer sa volonté, la limitation ou l'arrêt de traitement susceptible d'entraîner son décès ne peut être réalisé sans avoir respecté la procédure collégiale mentionnée à l'article L. 1110-5-1 et les directives anticipées ou, à défaut, sans que la personne de confiance prévue à l'article L. 1111-6 ou, à défaut la famille ou les proches, aient été consultés. La décision motivée de limitation ou d'arrêt de traitement est inscrite dans le dossier médical.

Le consentement, mentionné au quatrième alinéa du mineur, le cas échéant sous tutelle doit être systématiquement recherché s'il est apte à exprimer sa volonté et à participer à la décision.

Le consentement, mentionné au quatrième alinéa, de la personne majeure faisant l'objet d'une mesure de protection juridique avec représentation relative à la personne doit être obtenu si elle est apte à exprimer sa volonté, au besoin avec l'assistance de la personne chargée de sa protection. Lorsque cette condition n'est pas remplie, il appartient à la personne chargée de la mesure de protection juridique avec représentation relative à la personne de donner son autorisation en tenant compte de l'avis exprimé par la personne protégée. Sauf urgence, en cas de désaccord entre le majeur protégé et la personne chargée de sa protection, le juge autorise l'un ou l'autre à prendre la décision.

Dans le cas où le refus d'un traitement par la personne titulaire de l'autorité parentale ou par le tuteur si le patient est un mineur, ou par la personne chargée de la mesure de protection juridique s'il s'agit d'un majeur faisant l'objet d'une mesure de protection juridique avec représentation relative à la personne, risque d'entraîner des conséquences graves pour la santé du mineur ou du majeur protégé, le médecin délivre les soins indispensables.

L'examen d'une personne malade dans le cadre d'un enseignement clinique requiert son consentement préalable. Les étudiants qui reçoivent cet enseignement doivent être au préalable informés de la nécessité de respecter les droits des malades énoncés au présent titre.

Les dispositions du présent article s'appliquent sans préjudice des dispositions particulières relatives au consentement de la personne pour certaines catégories de soins ou d'interventions. »

A l'instar de toutes les sources dans lesquelles on pouvait extraire le consentement médical, le Code de la santé publique au travers de cet article issu de la loi Kouchner, vient cristalliser encore le consentement médical. Cette fois, il le réaménage en adjoignant les termes « libre et éclairé » et en élargissant son application.

Après être passé du paternalisme médical à l'avènement du consentement libre et éclairé dans le chapitre premier, le chapitre deuxième de cette première partie ouvrira ses linteaux. Il s'agira d'examiner le consentement libre et éclairé tel que le définit le Code de la santé publique.

CHAPITRE II

LE CONSENTEMENT LIBRE ET ECLAIRE EN DROIT MEDICAL FRANÇAIS

En droit français, le contrat médical repose d'abord sur le consentement libre et éclairé du patient (1). Lorsque le patient est dans l'impossibilité de l'exprimer, une tierce personne peut le faire mais ceci est très bien encadré (2).

1 : L'ASSENTIMENT LIBRE ET ECLAIRE DU PATIENT : UNE CONDITION ESSENTIELLE A LA VALIDATION DU CONTRAT DE SOINS

Cette section traitera de l'information préalable dans la recherche du consentement (1-1) et du recueillement du consentement médical (1-2).

1-1 : L'INFORMATION DANS LA RECHERCHE DU CONSENTEMENT

L'obligation d'information est l'une des nombreuses obligations qui pèse sur le médecin (A). Cependant cette obligation peut connaitre des exceptions (B).

A- L'OBLIGATION D'INFORMATION PREALABLE A L'ACTE MEDICAL : OBLIGATION DU MEDECIN ET DROIT DU PATIENT

L'obligation d'information est l'une des composantes très essentielles dans le recueillement du consentement du patient. Au sens du dictionnaire de droit de la santé, l'obligation d'information est ainsi la pierre angulaire d'une relation basée sur la confiance et la recherche d'un équilibre entre un sachant et un profane [33] . Cette obligation à la charge des médecins est tributaire de l'Arrêt Teyssier du 28 janvier 1942[34]. Cet arrêt établissait déjà l'obligation d'information en retenant que le « médecin est tenu, sauf cas de force majeure, d'obtenir le consentement du malade avant de pratiquer une opération » et que la violation de cette « obligation, imposée par le respect de la dignité humaine » constitue « une atteinte grave au droit des malades ».
En plus de la consécration jurisprudentielle, la loi du 4 mars 2002 relative aux droits des malades et à la qualité du système de santé est venue consolider cette obligation d'information. Ainsi, aux termes du I. de l'article L.1111-2 du code de la santé publique,

« *Toute personne a le droit d'être informée sur son état de santé. Cette information porte sur les différentes investigations, traitements ou actions de prévention qui sont proposés, leur utilité, leur urgence*

---

[33] Dictionnaire de droit de la santé, Edition 2017 p. 220
[34] Ibid. p. 11

éventuelle, leurs conséquences, les risques fréquents ou graves normalement prévisibles qu'ils comportent ainsi que sur les autres solutions possibles et sur les conséquences prévisibles en cas de refus. Elle est également informée de la possibilité de recevoir, lorsque son état de santé le permet, notamment lorsqu'elle relève de soins palliatifs au sens de l'article L. *1110-10, les soins sous forme ambulatoire ou à domicile. Il est tenu compte de la volonté de la personne de bénéficier de l'une de ces formes de prise en charge. Lorsque, postérieurement à l'exécution des investigations, traitements ou actions de prévention, des risques nouveaux sont identifiés, la personne concernée doit en être informée, sauf en cas d'impossibilité de la retrouver.*

Cette information incombe à tout professionnel de santé dans le cadre de ses compétences et dans le respect des règles professionnelles qui lui sont applicables. Seules l'urgence ou l'impossibilité d'informer peuvent l'en dispenser.

Cette information est délivrée au cours d'un entretien individuel.

La volonté d'une personne d'être tenue dans l'ignorance d'un diagnostic ou d'un pronostic doit être respectée, sauf lorsque des tiers sont exposés à un risque de transmission. »

Cet article vient poser les bases légales de l'obligation d'information dont le médecin est assujetti. L'information, en plus d'être une obligation du praticien est un droit reconnu au patient.
L'obligation d'information est désormais antérieure et postérieure à tout acte médical.
L'information, comme nous le stipule l'article L.1111-2 doit être « *délivrée au cours d'un entretien individuel* ».

En effet, au cours de ce colloque singulier, le médecin doit donner au patient les renseignements qu'il était en droit d'attendre pour choisir entre l'acceptation et le refus de l'opération avec une connaissance suffisante de son mal, de sa nature et des conséquences possibles de l'intervention envisagée[35].

L'information due par le médecin à son patient se doit d'être « simple, approximative, intelligible et loyale, permettant au malade de prendre la décision qui s'impose[36] ».

Le praticien doit donc pour ce faire, utiliser un langage adéquat pour faciliter la compréhension du patient qui est généralement affaibli par la maladie. Le vocabulaire usité et la condition du malade doivent être pris en compte dans cette phase qui est l'une des plus importantes et indispensables dans la relation de soins.

Même après l'acte médical le médecin n'est pas exonéré de l'obligation d'information. L'article L.1111- 2 alinéa premier du code de la santé publique conduit à une extension temporelle du droit à l'information du patient en imposant au professionnel de santé d'avertir, postérieurement à l'exécution des investigations, traitement ou actes de prévention, des risques nouveaux

---

[35] Cass. civ. 1ere, 21 février 1961, D. 1961, 534, JCP G 1961, II, n° 12129, obs. R Savatier.

[36] Ibid.

identifiés, la personne concernée, sauf en cas d'impossibilité de la retrouver[37].

Le créancier de l'obligation d'information est le patient. C'est lui qui détient une « créance » à l'encontre du médecin qui lui doit une prestation. Si le créancier de l'obligation est le patient, il n'est nul besoin de chercher plus loin le débiteur. Est donc considéré comme débiteur de l'obligation d'information, l'ensemble des professionnels de santé, quel que soit le lieu d'exercice de leur activité, qu'ils dispensent leurs soins en secteur libéral, en secteur hospitalier ou dans un établissement médico-social[38].

B- LES EXCEPTIONS A L'INFORMATION PREALABLE

On peut analyser les exceptions à l'information préalable à un double niveau. Premièrement, l'obligation d'information peut ne pas être respectée en cas d'urgence ou lorsqu'il y a impossibilité d'informer. Deuxièmement, par la stricte volonté du patient.

---

[37] D. Tabuteau : « L'obligation d'information a posteriori en droit de la santé », in C. Kouchner, A. Laude et D. Tabuteau: Rapport sur les droits des maladies 2007-2008, Presses de l'EHESP 2009, p 91 s

[38] ANNE LAUDE, BERTRAND MATHIEU, DIDIER TABUTEAU, in *Droit de la santé* 2e édition mise à jour p. 348

Concernant le cas d'urgence ou l'impossibilité d'informer, il faut retenir qu'aux termes de l'article L.1111- 2 alinéa 2,

« *Cette information incombe à tout professionnel de santé dans le cadre de ses compétences et dans le respect des règles professionnelles qui lui sont applicables. Seules l'urgence ou l'impossibilité d'informer peuvent l'en dispenser.* »

L'une des raisons qui peut justifier l'inexécution de cette obligation est l'impossibilité d'informer. Cela va de soi puisque pour que le praticien exécute cette obligation, il faudrait un minimum de lucidité. S'il constate que le patient n'est pas disposé à être informé et que la vie de celui-ci est en danger, la loi lui autorise à se passer de cette obligation si la vie du patient est en danger.
De ce qui est de la stricte volonté du patient de ne pas être informé, le médecin est exonéré de cette obligation. Cependant, lorsqu'il adviendra un dommage en rapport avec cette obligation, le patient ne pourra pas se prévaloir du défaut d'information puisqu'il a décidé de ne pas être informé. A ce niveau, il faudrait encore faire une distinction rigide.
Lorsqu'une personne demande à être tenue dans l'ignorance d'un diagnostic ou d'un pronostic, sa volonté doit être respectée, sauf si des tiers sont exposés à un risque de contamination [39].

---

[39] Article R.4127-35 du Code de la santé publique

Le Code de déontologie médicale est suffisamment précis sur cette question. Lorsque des personnes proches du patient sont exposées à un risque de contamination, alors le médecin doit obligatoirement informer le patient pour des raisons de sécurité et de prévention. Quitte à lui d'informer son entourage. Il faut souligner que le médecin ne peut pas outrepasser ses compétences en informant directement les proches du patient sans avoir eu le consentement du patient. Ce serait violer l'un des nombreux et importants principes déontologiques qu'est le secret médical (secret professionnel).

L'obligation préalable d'information étant une obligation du médecin et un droit pour le patient, hormis les exceptions, son inexécution est sanctionnée.

Concernant la preuve, elle pesait sur le patient avant 1997. Par un arrêt du 29 mai 1951[40], la Cour de cassation s'est essentiellement focalisée sur l'alinéa 1er de l'article 1315[41] du code civil qui dispose : *« Celui qui réclame l'exécution d'une obligation doit la prouver ».*
Ainsi, puisque c'est le patient qui réclamait l'exécution de l'obligation d'information donc c'était à lui de la prouver. Quarante-six (46) ans plus tard, soit le 25 février 1997, la Cour de cassation a rendu un arrêt de revirement renversant ainsi la charge de la preuve sur les médecins. Désormais, les médecins doivent prouver qu'ils ont informé le patient. En cas de litige, il appartient au

[40] Cour de cassation, 1re civ., 25-02-1997 n° 94-19.685
[41] Nouvel Article 1353 du Code civil

professionnel ou à l'établissement de santé d'apporter la preuve que l'information a été délivrée à l'intéressé dans les conditions prévues au présent article. Cette preuve peut être apportée par tout moyen[42].

Quid du recueillement du consentement médical ?

1-2 : LE RECUEILLEMENT DU CONSENTEMENT MEDICAL

Le consentement de la personne examinée ou soignée doit être recherché dans tous les cas[43].
Quel que soit le statut du patient, le professionnel de santé doit préalablement recueillir le consentement de celui-ci au risque de voir sa responsabilité être engagée. Le Code de la santé publique et le Code civil sont suffisamment limpides à ce sujet.
Nous verrons dans cette partie les caractères du consentement médical (A) et les limites du droit au consentement du malade (B).

A- LES CARACTERES DU CONSENTEMENT MEDICAL

Le consentement doit être libre et éclairé. En effet, avant l'acte médical et après les informations données par le praticien, le patient doit exprimer de façon libre son consentement. Il ne doit pas être conditionné ni par le

[42] Article L.1111-2 Al. 7 du code de la santé publique
[43] Article R.4127-36 du code de la santé publique

praticien ni par aucune force extérieure. Aussi, ce consentement doit être éclairé au point qu'il n'y ait pas d'ambiguïté.

Au niveau de la forme, il doit être donné de façon orale. En général, en dehors de certains actes médicaux définis par la loi, l'expression du consentement du patient n'est pas subordonnée à l'établissement d'un écrit.
Par ailleurs, l'assentiment du patient doit être renouvelé pour chaque acte médical qu'il va subir et peut être révocable à tout moment. Renouvelé parce que le contrat médical a certes des traits de ressemblance avec le contrat civil mais a des dissemblances stoïques au niveau du consentement.
Dans le contrat civil, après l'échange des consentements entre le pollicitant et l'acceptant, le contrat est supposé valable sous réserve de la vérification des autres conditions de validité. Et le seul consentement donné suffit pour exécuter le contrat qu'il soit instantané ou à exécution successive. Il n'est nul besoin de le renouveler. Alors que dans le contrat médical, ces traits sont diamétralement opposés. Étant donné que ce contrat s'exécute sur le corps humain qui, nous le rappelons, est un grand champ d'aléas, le consentement du patient donné avant l'acte médical ne suffit pas pour faire plusieurs actes médicaux. En d'autres termes, si le patient était initialement venu pour un acte médical précis (Une opération chirurgicale au bras par exemple) et qu'il a donné son consentement après avoir été informé, le professionnel de santé ne doit accomplir que l'acte pour lequel le patient a consenti.

Après chaque acte médical, le contentement doit être encore recherché pour un autre acte. Dans la pratique, le médecin peut se retrouver dans une situation dans laquelle un acte chirurgical peut déboucher sur des faits nouveaux. Comment doit-il s'y prendre ? Doit-il attendre que le patient retrouve ses esprits pour encore recueillir son consentement ou doit-il accomplir l'acte sans le consentement du patient ?
Sur ce point, la jurisprudence est divisée, considérant parfois que le chirurgien doit suspendre l'intervention jusqu'à ce qu'il ait obtenu un nouvel accord du malade[44] ou au contraire qu'en présence d'un fait nouveau, le chirurgien doit continuer à opérer si cette solution comporte moins de risques pour le malade que celle qui consisterait à attendre un consentement adapté aux nouvelles circonstances[45].

Concernant la révocabilité du consentement, dans le contrat médical, il peut être retiré *ad nutum*. L'article L. 1111-4 alinéa 4 in fine le martèle en ces termes : « … *Et ce consentement peut être retiré à tout moment.* »

Nous constatons par ces termes, une distinction sans appel avec le contrat civil dans lequel lors de l'exécution, l'un des cocontractants ne peut pas révoquer son consentement à tout moment au risque d'engager sa responsabilité civile contractuelle.

---

[44] Cour de cassation, chambre civile 1, 27 oct. 1953, *JCP* 1953 ? II, n° 7891

[45] Cour de cassation, chambre civile 1, 27 Oct. 1982, *Bulletin. Civil.* I, n°307

B- LES LIMITES DU DROIT AU CONSENTEMENT DU PATIENT

Les limites du droit au consentement du patient se bornent à l'urgence, l'impossibilité et aux soins imposés. De l'urgence et l'impossibilité, nous pouvons dire que, quand bien même une personne est hors d'état de manifester sa volonté, le professionnel de santé ne peut pas passer outre l'obtention de son consentement. L'article L.1111-4 du Code de la santé publique évoque les principes dans ce cas précis.
Il ressort de la lecture de cette disposition, précisément à l'alinéa 4 que :

«*Lorsque la personne est hors d'état d'exprimer sa volonté, aucune intervention ou investigation ne peut être réalisée, sauf urgence ou impossibilité, sans que la personne de confiance prévue à l'article L. 1111-6, ou la famille, ou à défaut, un de ses proches ait été consulté.* »

L'alinéa suivant dispose :

« *Lorsque la personne est hors d'état d'exprimer sa volonté, la limitation ou l'arrêt de traitement susceptible d'entraîner son décès ne peut être réalisé sans avoir respecté la procédure collégiale mentionnée à l'article L. 1110-5-1 et les directives anticipées ou, à défaut, sans que la personne de confiance prévue à l'article L. 1111-6 ou, à défaut la famille ou les proches, aient été consultés. La décision motivée de limitation ou d'arrêt de traitement est inscrite dans le dossier médical.* »

Nonobstant l'impossibilité du patient à consentir, le praticien doit consulter une chaine de personnes afin de recueillir l'assentiment du patient. Le principe étant que le patient lui-même consente, s'il est dans l'impossibilité de le faire, le législateur permet au praticien d'avoir ce consentement par le biais, soit de la personne de confiance ou des directives anticipées ou de sa famille ou ses proches. Nous développerons en long et en large ces points dans la deuxième section de ce chapitre. En les évoquant, nous voulons mettre à nu les limites du droit au consentement reconnu au patient.

Concernant les soins imposés, il faut souligner que dans la catégorie des actes médicaux, certains sont perçus comme obligatoires et donc par ricochet imposés au soigné sans qu'on ait recours à son consentement.
Parmi ceux-ci, on peut citer les actes médicaux dans certaines carrières professionnelles (a), les actes médicaux avant le mariage (b) et les actes médicaux pour les enfants (c).

a- Les actes médicaux dans certaines carrières professionnelles

Au milieu de plusieurs actes médicaux imposés dans certaines carrières professionnelles, nous prendrons l'exemple de la vaccination obligatoire contre la Covid-19.
La gravité de la situation il y quelques années en France et dans le monde, engendrée par la Covid-19 et ses variants qui se sont succédés, a contraint les autorités à

rendre obligatoire le vaccin contre la Covid-19 pour tous les personnels (y compris administratifs) des établissements de santé, des établissements médico-sociaux (Établissements d'Hébergement pour Personnes Âgées Dépendantes, Unités de Soins de Longue Durée), résidences autonomes, structures des handicapés avec ou sans hébergement et y compris non médicalisées), des établissements sociaux rattachés à un établissement de santé (Lits Halte Soins Santé, Lits d'Accueil Médicalisés, Centres de Soin, d'Accompagnement et de Prévention en Addictologie, Centre d'Accueil et d'Accompagnement à la Réduction des risques pour Usagers de Drogues, Centre de Lutte Anti Tuberculeuse, Centre Gratuit d'information, de Dépistage et de Diagnostic des infections par les virus de l'immunodéficience humaine, des hépatites virales et des infections sexuellement transmissibles) ; les aides à domicile intervenant auprès des personnes touchant l'APA ou la PCH, dans le cadre de services à domicile ou en tant que salariés des particuliers employeurs ; les personnels des entreprises de transport sanitaire (y compris taxis conventionnés) ; toutes professions du livre IV du Code de la santé publique, conventionnées ou non, et professions à usage de titres, ainsi que leurs salariés (par exemple, secrétaires médicales, assistants dentaires) ; tous les étudiants en santé ; les pompiers (professionnels et volontaires) des services d'incendie et de secours ; les personnels des services de santé au travail[46].

Après plusieurs remous autour du caractère obligatoire pour ces catégories précitées, le législateur a adopté la loi n° 2021-1040 du 5 août 2021 relative à la gestion de la crise sanitaire.
A compter du 15 septembre 2021, délai prescrit par cette loi, les professionnels qui ne se seront pas fait vacciner peuvent être suspendus de leurs fonctions. Cette suspension a pour conséquence immédiate le non-paiement de leur rémunération.
Une question de fond a été sans doute longuement débattue, c'est celle du licenciement en cas de non-vaccination. Finalement, à l'analyse de cette loi, aucun licenciement en cas de défaut de vaccination, n'est possible.

Cette obligation vaccinale est pour certains une violation du droit au consentement. Ils invoquent à cet effet la loi Kouchner en déduisant qu'on devait « pouvoir disposer de notre corps », et donc avoir le droit de refuser la vaccination contre le Covid-19. L'argument invoqué est certes une réalité mais dans un autre cadre et pour nous, cette obligation vaccinale pour ces professionnels précités pourrait s'expliquer et se justifier. En effet, ceux-ci sont quotidiennement dans la promiscuité avec les

[46] L'article 12 de la loi n° 2021-1040 du 5 août 2021 relative à la gestion de la crise sanitaire énumère exhaustivement la qualité des personnes qui sont soumises à la vaccination obligatoire contre la Covid-19

patients atteints de Covid ou non. C'est logique qu'ils se fassent vacciner pour limiter le risque de gravité en cas de contamination (pour eux et pour la chaine des personnes qui seront contaminées). C'est une protection pour eux et les patients dans un contexte sanitaire où les infections nosocomiales et iatrogènes sont très courantes.

b- Les actes médicaux avant le mariage

En France, entre 1942 et 2008, un certificat était obligatoire pour tous mariages civils célébrés. Ce certificat présentait les bilans des examens obligatoires qui comprenaient la toxoplasmose, la sérologie pour la rubéole et la détermination du groupe sanguin.
Ces actes médicaux avant le mariage, ont été annulés depuis 2008.

c- Les actes médicaux pour les enfants

Entre la naissance d'un enfant en France et son seizième (16ème) anniversaire, celui-ci doit subir vingt (20) examens médicaux obligatoires. Ces actes ne sollicitent pas préalablement le consentement de ses père et mère même si le caractère obligatoire de ces actes est dans l'intérêt de l'enfant puisqu'ils participent à son évolution.

1-3 : LES SANCTIONS EN CAS D'ABSENCE OU DE VICE DE CONSENTEMENT MEDICAL

La violation d'une condition de validité du contrat médical, notamment le consentement médical, est susceptible d'engager la responsabilité de celui qui est à l'origine.
Au compte de ces responsabilités, nous pouvons déceler la responsabilité civile (A), la responsabilité pénale (B) et la responsabilité disciplinaire (C).

A- LA RESPONSABILITE CIVILE DU PRATICIEN EN CAS D'ABSENCE OU DE VICE DE CONSENTEMENT MEDICAL

Le praticien qui ne requiert pas l'assentiment du patient qu'il ausculte, pourrait voir sa responsabilité civile être engagée. Il en est de même lorsque le consentement donné par le patient est vicié.
Civilement, lorsque le praticien commet une faute contractuelle (défaut de consentement), il peut être condamné à verser à la victime des dommages et intérêts si le préjudice subi par le patient est causé par cette faute contractuelle. En effet, le praticien est assujetti à un devoir d'humanisme dans lequel on retrouve plusieurs principes généraux de respect du patient dont l'obligation d'information et l'obligation de recueillement du consentement. Et lorsque l'homme de l'art manque à ces obligations, sa responsabilité est retenue si les éléments constitutifs de la mise en œuvre de la responsabilité civile sont réunis à savoir la faute, le préjudice et le lien causal.
Dans l'arrêt rendu par la première chambre civile de la Cour de cassation en date du 11 octobre 1988, madame Anne a subi une intervention chirurgicale pratiquée par

le docteur Michel en vue de provoquer son accouchement par une césarienne le 10 mai 1976. S'avérant délicate, le médecin a pratiqué cette opération en déchirant une partie de la cicatrice que sa patiente avait eu lors d'une précédente césarienne. Il a ensuite, sans le consentement de cette dernière, procédé à une suture conservatrice de l'utérus, accompagnée d'une ligature des trompes de Fallope. Après avoir subi en 1979 une autre intervention pour recouvrer sa fécondité et avoir mis au monde un troisième enfant en 1980, Madame Anne a assigné le docteur X et l'assureur de ce dernier, la société Le Sou médical en responsabilité et en paiement de dommages-intérêts en réparation du préjudice qu'elle avait subi par la faute que ce médecin avait commise en procédant à cette ligature des trompes pour empêcher une grossesse future sans avoir obtenu son consentement préalable[47].

La question de la responsabilité médicale était au cœur de la procédure.

Pour les juges de la Cour d'Appel, le docteur X ne pouvait pas pronostiquer avant l'intervention la nécessité de ligaturer prophylactiquement les trompes [48] . Ils continuent dans leur argumentation en disant que si le médecin avait pu poser ce diagnostic avant de pratiquer la césarienne et, par suite, solliciter l'accord préalable de la parturiente, il eût été déraisonnable que celle-ci refusât

[47] Cour de Cassation, Chambre civile 1, du 11 octobre 1988, 86-12.832, Publié au bulletin

[48] Ibid.

son consentement, en raison des risques évidents d'une itérative rupture en cas de nouvelle grossesse et du danger existant alors pour sa vie[49].

Ces arguments ont été battus en brèche par les juges de la Cour de cassation qui ont cassé et annulé la décision de la Cour d'Appel. Ils ont estimé que le consentement de Mme Anne n'a pas été sollicité avant cette intervention, alors que celle-ci n'était pas destinée à prévenir un danger immédiat pour sa vie, mais seulement à empêcher un risque futur en cas d'une éventuelle nouvelle grossesse et qu'elle impliquait de surcroît un choix strictement personnel de la part de l'intéressée[50].

Mêmement, si le praticien ne redemande pas à nouveau le consentement du patient quand il est amené à changer de méthode ou pour un nouvel acte, sa responsabilité pourrait être engagée si et seulement si le lien de causalité entre la faute et le préjudice est établi.

B- LA RESPONSABILITE PENALE DU PRATICIEN EN CAS D'ABSENCE OU DE VICE DE CONSENTEMENT MEDICAL

Pénalement, le praticien peut voir sa responsabilité être engagée. Les infractions qui peuvent être retenues en la

---

[49] Ibid.
[50] Ibid.

matière sont les coups et blessures volontaires et homicide volontaire ou involontaire.
Dans l'affaire du Mediator[51] qui a fait couler beaucoup d'encre et de salive au cours de cette dernière décennie et qui a connu son dénouement en mars 2021 au Tribunal de Paris, les laboratoires Servier ont été condamnés à 2,7 millions d'euros d'amende et devront verser au total plus de 180 millions d'euros aux parties civiles en réparation des préjudices subis. Les faits qui leur ont été reprochés étaient « tromperie aggravée », escroquerie, homicides et blessures involontaires, et trafic d'influence. Ils ont finalement été condamnés pour « tromperie aggravée » et homicides et blessures involontaires.

En effet, le Tribunal considère qu'il existe un préjudice tiré du dol contractuel pour toutes les personnes ayant consommé le médicament. Celui-ci est caractérisé par la violation du consentement du consommateur qui est, en principe, en droit d'attendre du fournisseur du médicament « une sécurité absolue et à tout le moins une information loyale et explicite sur les risques encourus ». Ce préjudice né de la tromperie, est fondamentalement différent de celui qui résulte de l'atteinte à son intégrité corporelle : le patient consommateur de Médiator, même sans atteinte cardiaque, a été trompé par les Laboratoires

[51] Le Mediator est un médicament fabriqué en 1976 par les laboratoires Servier et qui a été commercialisé jusqu'en 2009. C'est un médicament composé de benfluorex, une molécule active visant d'abord à diminuer les lipides (triglycérides et/ou cholestérol) circulant dans le sang. Il a ensuite été indiqué pour les patients en surpoids, atteints de diabète de type 2.

Servier qui ne l'a pas correctement informé concernant la nature et les risques du produit[52].
En tant qu'institution, les laboratoires Servier n'ont pas été les seuls à être condamnés.
L'Agence nationale de sécurité du médicament (ANSM) était également poursuivie pour « blessures et homicides involontaires ». Elle a été condamnée pour ces faits à une amende de trois cent trois mille (303 000) euros.

En plus de la condamnation de ces personnes morales, des personnes physiques qui ont eu une part active dans ces manœuvres ont été également poursuivies.

Cette décision mettant à nu la responsabilité pénale du praticien, partant sur le défaut de consentement ou le consentement vicié (dol, tromperie aggravée etc.), vient servir de base jurisprudentielle dans ce domaine.

C- LA RESPONSABILITE DISCIPLINAIRE DU PRATICIEN EN CAS D'ABSENCE OU DE VICE DE CONSENTEMENT MEDICAL

En cas d'absence ou de vice de consentement, la responsabilité disciplinaire du praticien peut être recherchée selon l'ordre auquel il appartient, s'il est avéré qu'il a commis une faute disciplinaire. Une faute

---

[52] Charles Joseph-Oudin, « AFFAIRE DU MÉDIATOR : UN JUGEMENT CORRECTIONNEL EN DEMIE-TEINTE », [en ligne], [publié le 29 avril 2021 et mis à jour le 17 mai 2021], [consulté le 25 mai 2021] www.village-justice.com

disciplinaire est la violation des règles déontologiques. Le consentement de la personne examinée ou soignée doit être recherché dans tous les cas[53]. La violation à cette règle déontologique peut déclencher la procédure de responsabilité déontologique.
Si la Chambre disciplinaire reconnaît la faute déontologique du médecin, une sanction disciplinaire sera prononcée à l'encontre du contrevenant. Il encourt des sanctions allant de l'avertissement à la radiation définitive du tableau de l'ordre. L'interdiction temporaire d'exercer qui peut aller jusqu'à trois ans, peut être prononcée.

2 : LE CONSENTEMENT DONNÉ PAR AUTRUI

Le patient dans certaines conditions ne peut pas donner son consentement. Dans cette éventualité, il peut lui-même prévoir les conditions de substitution (Paragraphe I). Mais pour une catégorie de personnes, cette responsabilité est prévue par la loi (Paragraphe II).

2-1 : LES SUBSTITUTIONS DE L'ASSENTIMENT PREVUES PAR LE PATIENT

[53] Ibid. p. 37

Cette décennie a également été tamponnée par l'affaire Vincent Lambert qui a mis en exergue l'épineuse question de la fin de vie en France et le rôle des proches. Évidemment, la fin de vie n'intéresse pas notre sujet mais ce qui pourrait attirer notre attention, c'est la polémique qu'il y a eu autour de lui concernant la poursuite ou non des soins de maintien en vie, puisqu'il était en « état végétatif chronique irréversible » jusqu'à sa mort 11 juillet 2019 à 8 h 24, au Centre hospitalier universitaire de Reims. Cette affaire avec plein de rebondissements a montré à toute la France et au monde que la famille et les proches pouvaient avoir des points de vue différents sur la décision à prendre concernant le patient en fin de vie. Une partie, composée des parents et de certains de ses frères et sœurs, ne voulaient pas qu'on arrête les soins tandis que son épouse avait donné son accord à la suite d'une procédure collégiale menée au sein du CHU de Reims pour l'arrêt des soins parce que selon eux, le maintien des soins d'hydratation et d'alimentation artificielles constitue une « obstination déraisonnable ».
Finalement cette bataille a été gagnée par ceux qui voulaient qu'on arrête les soins. Vincent Lambert est décédé dix (10) jours après l'arrêt des soins.
La mort de Vincent Lambert n'a pas arrêté cette bataille puisque sa mère a intenté une action contre le docteur Sanchez pour « non-assistance à personne en danger ». Cette nouvelle affaire est devant la Cour de cassation car celui-ci a été relaxé en première instance et à la Cour d'Appel au motif qu'il a « parfaitement respecté ses obligations légales » et que cette plainte « n'avait d'autres motifs que de s'opposer à la loi Leonetti-Claeys ».

Dans cette partie consacrée aux substitutions de l'assentiment prévues par le patient, nous évoquerons respectivement les questions de la personne de confiance (A), de la famille et des proches (B).

A- LA PERSONNE DE CONFIANCE

Pour recadrer l'idée des proches du patient, puisque celui-ci peut se retrouver avec plusieurs bénéficiaires, le législateur a mis en place la personne de confiance. Ainsi, reprenant la notion de protecteur naturel dégagée antérieurement par la jurisprudence [54], le législateur permet à la personne de confiance de recevoir l'information[55].
Le législateur s'est toujours soucié de l'exigence du consentement du patient avant tout acte médical, même quand il est hors d'état de l'exprimer. C'est pourquoi depuis la loi du 4 Mars 2002, a été instaurée « la personne de confiance ». A partir de cette loi, tout patient peut désigner une personne de confiance qui va l'accompagner dans son parcours médical.

Dans l'article R.4127-36 du code de la santé publique, « (…) *Si le malade est hors d'état d'exprimer sa volonté, le médecin*

---

[54] Cass. civ. 8 Nov. 1955, *JCP*1955, n° 9014; CA Lyon 17 Nov. 1952, *JCP* 1953, II n° 7541, R.Savatier

[55] C. Esper, « La personne de confiance : obligations légale, morale, juridique ? » Revue Générale de Droit Médical 2003, p.81 s ; C Perrin, « La personne de confiance, un tiers dans la relation patient-médecin », *Le concours médical* 2006, p. 552 s.

ne peut intervenir sans que la personne de confiance (…) *ait été prévenu et informé, sauf urgence ou impossibilité* »

La personne de confiance est classée première dans la recherche de consentement lorsque le patient n'est pas apte à consentir. Elle joue un rôle assez capital. C'est pourquoi on devrait inciter tous les patients à choisir une personne de confiance afin d'éviter certains désagréments quand la personne malade se trouvera dans l'impossibilité d'exprimer son consentement.

Le Code de la santé publique n'est pas muet sur la personne de confiance. On lit ceci à ce propos.

« *Toute personne majeure peut désigner une personne de confiance qui peut être un parent, un proche ou le médecin traitant et qui sera consultée au cas où elle-même serait hors d'état d'exprimer sa volonté et de recevoir l'information nécessaire à cette fin. Elle rend compte de la volonté de la personne. Son témoignage prévaut sur tout autre témoignage. Cette désignation est faite par écrit et cosignée par la personne désignée. Elle est révisable et révocable à tout moment.*

Si le patient le souhaite, la personne de confiance l'accompagne dans ses démarches et assiste aux entretiens médicaux afin de l'aider dans ses décisions.

Lors de toute hospitalisation dans un établissement de santé, ou dans un hôpital des armées ou à l'Institution nationale des invalides, il est proposé au patient de désigner une personne de confiance dans les conditions prévues au présent article. Cette désignation est valable pour la durée de l'hospitalisation, à moins que le patient n'en dispose autrement.

Dans le cadre du suivi de son patient, le médecin traitant s'assure que celui-ci est informé de la possibilité de désigner une personne de confiance et, le cas échéant, l'invite à procéder à une telle désignation. Lorsqu'une personne fait l'objet d'une mesure protection juridique avec représentation relative à la personne, elle peut désigner une personne de confiance avec l'autorisation du juge ou du conseil de famille s'il a été constitué. Dans l'hypothèse où la personne de confiance a été désignée antérieurement à la mesure de tutelle, le conseil de famille, le cas échéant, ou le juge peut confirmer la désignation de cette personne ou la révoquer[56]. »

Le mode de choix de la personne de confiance ainsi que sa révocation ne sont pas contraignants à la lecture de cette disposition. Toutes les conditions sont réunies afin que le choix s'opère de façon libre.

B- LA FAMILLE ET LES PROCHES

Le cas de la famille et des proches est résolu par le même article R.4127-36 du code de la santé publique dans lequel « *Si le malade est hors d'état d'exprimer sa volonté, (…) le médecin ne peut intervenir sans que la personne de confiance, à défaut, la famille ou un de ses proches ait été prévenu et informé, sauf urgence ou impossibilité. (…)* »

Dans le cas où le patient est hors d'état de manifester sa volonté, le médecin peut se tourner vers la famille et les proches car ceux-ci connaissent bien le patient. Dans la

---

[56] Article L.1111-6 du Code de la santé publique

hiérarchisation des personnes contactées, lorsque le patient n'est pas en mesure de consentir, la famille et les proches viennent en deuxième position, donc après la personne de confiance. On pourrait se poser la question de savoir pourquoi la famille et les proches viennent après la personne de confiance. En d'autres termes pourquoi ne sont-ils pas prioritaires dans la consultation ?

Sans même aller fouiner dans l'esprit des rédacteurs de cette disposition, on a des prémisses de réponses lorsqu'on scrute l'affaire Vincent Lambert. Un déchirement entre les parents biologiques, l'épouse et les frères et sœurs de Vincent Lambert pour avoir leur avis sur l'arrêt ou non des soins.

C'est bien à juste titre que les rédacteurs ont mis en avant la personne de confiance qui elle est désignée par le patient. Il est vrai qu'on n'a toujours pas à l'esprit de la choisir avant puisque la probabilité pour qu'on se retrouve dans cette situation est parfois faible mais il faut y penser pour éviter de montrer à nouveau cette mauvaise image que nous a présenté la famille Lambert.

2-2 : LES SUBSTITUTIONS DE L'ASSENTIMENT PREVUES PAR LA LOI

Le mineur non émancipé et le majeur incapable n'ont pas été oubliés ou négligés du fait de leur « incapacité ». Leurs cas ont bien été traités par la loi qui recherche avant tout leur protection à cause de leur vulnérabilité. Cette première partie sera clôturée en étudiant le cas du mineur non émancipée (A) avant celui du majeur incapable (B)

A- LE CAS DU MINEUR NON EMANCIPE

En principe, le mineur non émancipé nonobstant sa minorité a une certaine autonomie quant à son consentement vis à vis de certains actes médicaux. Ainsi, le consentement du seul mineur est requis pour certains actes relevant de sa plus stricte intimité comme la contraception [57] ou de l'interruption volontaire de grossesse (IVG).
Le Code de la santé publique lui permet de garder le secret sur son état de santé et surtout en prévoyant que son consentement doit être systématiquement recherché s'il est apte à l'exprimer et à participer à la décision[58].
A l'exception, il doit obtenir l'assentiment de ceux qui exercent l'autorité parentale. Le médecin devra recueillir préalablement le consentement des titulaires de l'autorité parentale puisque le droit du mineur de consentir aux soins est un droit subsidiaire à celui de ses parents. En cas de refus de soins par les titulaires de l'autorité parentale, le médecin délivre les soins indispensables si ce refus peut donner naissance à des conséquences graves pour la santé du mineur.

Quid du majeur incapable ?

---

[57] Article D. 5134-1 du Code de la santé publique
[58] Art. L.1111-4, alinéa 5 du Code de la santé Publique

B- LE CAS DU MAJEUR INCAPABLE

Concernant le majeur incapable, de même que le mineur non émancipé, son consentement doit *« (…) être systématiquement recherché s'il est apte à exprimer sa volonté et à participer à la décision (...)* ». Le médecin délivrera également les soins indispensables si le tuteur refuse les soins et si ce refus peut entraîner des conséquences graves pour la santé du majeur sous tutelle comme nous le prescrit l'article L.1111-4 du Code de la santé publique.
Nous aborderons la deuxième partie de cet ouvrage à la page suivante. Que pouvons-nous retenir de la première partie ?
Nous pouvons retenir d'une part que le paternalisme médical, bien qu'ayant des tendances positives s'est éteint laissant la place au consentement libre et éclairé. D'autre part, il est bien d'avoir à l'esprit que nonobstant le fait que le consentement libre et éclairé ait son existence dans la jurisprudence et dans certains textes à vocation internationale, il ne s'est formalisé qu'en 2002 avec la Loi Kouchner mettant au premier plan l'autonomie du patient.

Dans cette deuxième partie consacrée exclusivement à la « terre éburnéenne », nous analyserons le consentement médical ivoirien à la lumière du droit français dans un cadre où la documentation est une denrée très rarissime.

« La santé, c'est un esprit sain dans un corps sain. »

Homère (Artiste, écrivain, Poète)

PARTIE II :

LE CONSENTEMENT DANS LE CONTRAT DE SOINS EN DROIT IVOIRIEN A LA LUMIÈRE DU DROIT FRANÇAIS

Cette partie sera consacrée à l'étude du consentement médical en droit ivoirien. Il est essentiel de noter que le consentement médical en droit ivoirien n'est encadré par aucune réglementation précise (Chapitre I). Aussi, la forme et le recueillement de la pratique faisant office du consentement mettent en marge l'autonomie de la volonté du patient (Chapitre II).

CHAPITRE I :

L'ABSENCE DE REGLEMENTATION PRECISE SUR LE CONSENTEMENT MEDICAL DANS LE CONTRAT DE SOINS EN DROIT IVOIRIEN

La question du consentement dans le contrat de soins au regard de l'environnement juridique ivoirien sera passée au peigne fin (1) avant d'évoquer la nécessité et l'urgence de mettre en place un nouveau code de la santé publique (2).

1 : LE CONSENTEMENT DANS LE CONTRAT DE SOINS AU REGARD DE L'ENVIRONNEMENT JURIDIQUE IVOIRIEN

L'environnement juridique ivoirien est muet sur la question du consentement médical. En effet, en scrutant les textes qui régissent le monde sanitaire, on s'aperçoit que la majeure partie d'entre eux ne traite pas efficacement et exhaustivement cette question qui est fondamentale dans la relation de soins.
L'inexistence d'un code de santé publique ivoirien moderne (1-2) nous pousse à aller explorer les catalogue des lois qui régissent le secteur sanitaire. Nous ferons une halte au niveau de chaque texte faisant office de législation, en espérant avoir un texte qui traite du consentement médical (1-1).

1-1 : LES TEXTES FAISANT OFFICE DE LEGISLATION EN MATIERE DE SANTE EN CÔTE D'IVOIRE

Dans l'ordonnancement juridique ivoirien, les textes en vigueur dans l'épineux monde sanitaire sont d'une imprécision indescriptible. Ceux qui existent riment sans réserve avec l'ancienneté et l'inadéquation avec les réalités du moment. Nous sillonnerons la loi n°61-320 du 17 octobre 1961 sur la protection de la santé publique (A), la loi n°65-250 du 4 août 1965 sur le régime du médicament (B), la loi n° 62-248 du 31 juillet 1962 instituant un Code de déontologie médicale (C), la loi n°62-249 du 31 juillet 1962 instituant un Code de déontologie pharmaceutique (D), la loi n° 76-818 du 26 novembre 1976 relative à l'institution d'un Code de déontologie des chirurgiens-dentistes (E), la loi de 1993 sur les substances thérapeutiques d'origine humaine (F), la loi n°2014-131 du 24 mars 2014 instituant la couverture maladie universelle (G), la loi n°2015-536 du 20 juillet 2015 relative à l'exercice et à l'organisation de la médecine et de la pharmacopée traditionnelles (un décret n°2016-24 du 27 janvier 2016 a été voté, portant Code d'éthique et de déontologie des praticiens de médecine et de pharmacopée traditionnelles) (H).

La loi française n°54-418 du 15 avril 1954 instituant le Code de la santé publique, fera l'objet d'une étude dans le paragraphe deuxième de la présente section.

A- LA LOI N°61-320 DU 17 OCTOBRE 1961 SUR LA PROTECTION DE LA SANTE PUBLIQUE

Importée au lendemain de l'indépendance ivoirienne, la loi sur la protection de la santé publique était purement inspirée des lois françaises. Il fallait après l'indépendance, doter le nouvel indépendant des lois régissant les secteurs clés (Santé, économie, l'éducation etc.). C'est dans ce contexte que cette loi a été importée. Elle a finalement été abrogée par désuétude.
Mais en décortiquant cette loi, on remarque que la protection dont elle fait mention ne traite que certaines maladies endémo-épidémiques. Elle ne parle en aucun cas de consentement médical. Elle était juste un dispositif juridique de lutte contre les pandémies.

Qu'en est-il de la loi sur le régime du médicament ?

B- LA LOI N°65-250 DU 4 AOUT 1965 SUR LE REGIME DU MEDICAMENT

Cette loi a été abrogée expressément ainsi que la loi n° 54-18 du 15 avril 1954 étendant aux territoires d'outre-mer, au Togo et au Cameroun. Elle a été remplacée par la loi n° 2015-533 du 20 juillet 2015 relative à l'exercice de la pharmacie. Cette loi assez moderne dynamisait le secteur pharmaceutique ivoirien qui ployait sous le fardeau des lois post-coloniales.
En égrenant cette loi qui contient soixante-seize (76) articles, on ne voit aucune disposition traitant du consentement médical.

Analysons la loi instituant le Code déontologie médicale.

C- LA LOI N° 62-248 DU 31 JUILLET 1962 INSTITUANT UN CODE DE DEONTOLOGIE MEDICALE

Le Code de déontologie médicale a été établi par la loi n° 62-248 du 31 juillet 1962 instituant un code de déontologie médicale. L'établissement de ce code s'est fait au lendemain de l'indépendance de la Côte d'Ivoire. En analysant scrupuleusement la lettre et l'esprit de ce Code, on peut affirmer qu'il n'a été qu'un copier-coller de celui de la France. On pourrait peut-être le justifier par le fait que la Côte d'Ivoire, étant fraichement affranchie du joug de la colonisation à cette époque-là, n'avait pas les moyens d'être suffisamment indépendante juridiquement. Mais plus d'un demi-siècle après, on se rend compte que le Code tel qu'il a été importé en 1962 n'a connu qu'une légère modification en 2013. Et pourtant, le Code de déontologie médicale français a connu plusieurs modifications. En effet, entre 1941 où le premier code de déontologie et statuts de la profession médicale a été établi sous le régime de Vichy et 2012 où la dernière modification du code de déontologie médicale français s'est faite, au travers du décret n° 2012-694 du 7 mai 2012 portant modification du code de déontologie médicale, plusieurs modifications se sont opérées.
Cette modification de 2013 n'en était pas vraiment une dans le fond puisque la législation telle qu'écrite en 1962 est restée intacte avec la modification de 2013. En effet, cette modification n'a été qu'une adjonction des

commentaires et des notes explicatives au code de déontologie médicale. Ces commentaires intéressent entre autres le serment d'Hippocrate, les Ordres professionnels en médecine, l'exercice de la profession de médecin, les Juridictions disciplinaires de l'Ordre National des Médecins, la règlementation des remplacements en médecine, l'exercice illégal de la médecine et la règlementation des grèves (secteur public). Les notes explicatives quant à elles, traitent de l'aspect disciplinaire.

En analysant de fond en comble les articles du Code de déontologie médicale ivoirien vétuste et qui ne traduit presque plus les réalités de la profession et de la relation patient – médecin, on s'aperçoit qu'aucune disposition ne traite de la question du consentement médical. Si une partie devait règlementer le consentement médical, ce serait le titre deuxième intitulé : « Devoirs des médecins envers les malades » qui allait s'en charger.

L'article 28 issu de ce titre dispose :

« *Le médecin doit toujours élaborer son diagnostic avec la plus grande attention, sans compter avec le temps que lui coûte ce travail, et, s'il y a lieu, en s'aidant ou en se faisant aider, dans toute la mesure du possible, des conseils les plus éclairés et des méthodes scientifiques les plus appropriées.*
Après avoir formulé un diagnostic et posé une indication thérapeutique, le médecin doit s'efforcer d'obtenir l'exécution du traitement, particulièrement si la vie du malade est en danger.

En cas de refus, il peut cesser ses soins dans les conditions de l'article 35 du présent Code.[59] »

Cette disposition est la seule qui fait allusion à l'action du médecin après avoir établi son diagnostic. En effet, le texte reste muet sur la volonté du patient après que le médecin lui ait indiqué la raison de son mal. En lisant cette disposition, on pourrait déduire que le médecin a le monopole de décision sur la vie du patient généralement affaibli par la maladie. A part cet article qui est imprécis sur le consentement, aucun autre n'en fait mention.

Que nous dit le code de déontologie pharmaceutique sur la question du consentement médical ?

D- LOI N°62-249 DU 31 JUILLET 1962 INSTITUANT UN CODE DE DEONTOLOGIE PHARMACEUTIQUE

La loi n° 62-249 du 31 juillet 1962 instituant un Code de déontologie pharmaceutique a été abrogée et remplacée par la loi n° 2015-534 du 20 juillet 2015 portant Code de déontologie pharmaceutique. Ce nouveau code est venu mettre fin au règne d'un code, vieux plus d'un demi-siècle. En décortiquant ce code en sa version ancienne comme nouvelle, aucune partie ne met en jeu la question du consentement médical.

---

[59] Article 28 du code de déontologie médicale ivoirien

Penchons-nous vers la loi instituant le Code de déontologie des chirurgiens-dentistes.

E- LA LOI N° 76-818 DU 26 NOVEMBRE 1976 RELATIVE A L'INSTITUTION D'UN CODE DE DEONTOLOGIE DES CHIRURGIENS-DENTISTES

Le Code de déontologie des chirurgiens-dentistes est né de la loi n° 76-818 du 26 novembre 1976 relative à l'institution d'un code de déontologie des chirurgiens-dentistes. Dans l'aspect organisationnel de ce code, on voit qu'il dispose de sept (07) titres et de quatre-vingts (80) articles contrairement au code de déontologie médicale qui dispose de cinq (05) titres et quatre-vingt-un (81) articles.
En passant au peigne fin ce Code à la recherche d'une disposition intéressant le consentement, on lit ce : « *Lorsqu'il est impossible de recueillir en temps utile le consentement du représentant légal d'un mineur ou autre incapable, et en cas d'urgence, le chirurgien-dentiste doit donner les soins qui s'imposent*[60] ».
Pour la première fois, le mot consentement apparait clairement dans un Code de déontologie. En effet, cette disposition, loin de définir le consentement dans toute sa latitude parle spécialement de l'impossibilité de recueillir le consentement d'une personne incapable ou mineur. Or, on ne peut pas parler de l'impossibilité de recueillir

---

[60] Article 29 du code de déontologie des chirurgiens-dentistes ivoirien

le consentement sans évoquer la question du consentement *lato sensu*. Malheureusement, la disposition susmentionnée ainsi que le code lui-même ne vont pas plus loin sur cette question.

Que nous dit la loi de 1993 sur les substances thérapeutiques d'origine humaine sur le consentement médical ?

F- LA LOI N° 93-672 DU 9 AOUT 1993 SUR LES SUBSTANCES THERAPEUTIQUES D'ORIGINE HUMAINE

En égrappant la loi n° 93-672 du 9 août 1993 relative aux substances thérapeutiques d'origines humaines, on constate qu'elle martèle une obligation pour le médecin du Centre National de Transfusion Sanguine (CNTS) de recueillir le consentement du donneur de sang, même lorsqu'il est mineur. En effet, la transfusion sanguine nécessite absolument au préalable un recueillement de l'assentiment du patient.

On pourrait voir ici des prémices epsilonesques du consentement médical dans son ensemble mais malheureusement, cette pratique n'est réservée qu'à la transfusion sanguine. C'est normal de requérir le consentement du donneur puisque la transfusion sanguine nécessite une certaine logistique. Et ce serait une violence caractérisée si le consentement des donneurs même s'ils sont mineurs n'était pas requis.

Concernant le prélèvement en vue d'une greffe, l'article 20 de cette loi l'autorise par un comité d'experts avec le consentement du représentant légal de l'enfant s'il est mineur. Le consentement du patient donneur de greffe sera toujours requis. Si le donneur ne donne pas son consentement, aucun prélèvement ne se fera.

En étudiant le décret n° 2012-18 du 18 janvier 2012 relatif au prélèvement et à l'utilisation de substances thérapeutiques d'origine humaine autres que le sang, on remarque que la section 3 dudit décret, aborde les conditions de recueillement du consentement.
Ces conditions bifurquent en traitant dans la sous-section première les conditions de recueillement du consentement dans le cadre d'un prélèvement sur une personne vivante et dans la deuxième sous-section, les conditions de recueillement du consentement dans le cadre d'un prélèvement sur un cadavre.

Primo, dans le cadre d'un prélèvement sur une personne vivante, on lit ceci :
« *Aucune personne majeure ne peut subir, sur l'étendue du territoire ivoirien, un prélèvement de substances thérapeutiques d'origine humaine autres que le sang, sans son consentement éclairé, libre et spécifique.*
Tout prélèvement de substances thérapeutiques d'origine humaine autre que le sang ne peut être effectué que dans le cercle familial.

Les donneurs familiaux potentiels sont : le père, la mère, les frères, les sœurs, les cousins germains, les oncles et les tantes du receveur, les fils et les filles ainsi que le/ la conjoint(e)[61]. »

L'alinéa premier de cet article nous intéresse. En effet, la cloche du consentement médical sonne fortement. Pour tout prélèvement de substances thérapeutiques d'origine humaine autres que le sang, il faut impérativement le consentement éclairé, libre et spécifique du sujet de droit, patient sur lequel sera fait le prélèvement. On le voit, la question du consentement médical n'est pas si étrange au monde sanitaire ivoirien même si elle n'est pas étendue à tout le contrat médical.

« *Tout consentement au prélèvement de substances d'origine humaine autre que le sang à des fins thérapeutiques, sur une personne majeure vivante ou une mineure vivante, est donné par écrit devant le procureur de la République ou le substitut résident du domicile du donneur potentiel.*

Le procureur de la République ou le substitut résident du domicile du donneur, est assisté d'un greffier qui en dresse séance tenante procès-verbal. Une copie du procès-verbal ainsi dressé est communiquée dans les vingt-quatre heures qui suivent au médecin traitant du receveur.

Le représentant légal de la personne mineure présente au procureur de la République ou au substitut résident de son lieu de résidence, un dossier comprenant l'autorisation du comité d'experts et un rapport du médecin traitant du frère ou de la sœur du donneur potentiel.

---

[61] Article 21 du décret n° 2012-18 du 18 janvier 2012 relatif au prélèvement et à l'utilisation de substances thérapeutiques d'origine humaine autres que le sang

Si le médecin traitant est présent, sa déclaration est mentionnée dans le procès-verbal.[62] »

L'alinéa premier de cet article met en exergue la forme de l'expression du consentement du donneur. Ce cadre aussi important soit-il, ne laisse pas passer dans les mailles du filet, le consentement oral. L'importance du prélèvement appelle le consentement écrit qui est fait devant le procureur de la république ou devant le substitut résident du domicile du donneur, qui est l'une des autorités au cœur du système judiciaire.

L'article 25 clôture la sous-section première en ces termes :

« *Le consentement est révocable à tout moment. Le refus de la personne mineure de se soumettre au prélèvement doit être strictement respecté.*[63] »

Cet article met en avant la révocabilité *ad nutum* du consentement. En effet, le consentement, quand bien même il est donné par écrit devant le procureur de la république ou devant le substitut résident du domicile du donneur, n'est pas absolu. Même pendant l'opération de prélèvement, si les choses ne sont pas encore faites en tant que telles, le donneur peut demander qu'on arrête l'intervention. L'équipe qui se charge du prélèvement est tenue d'arrêter en vertu du consentement qui est révocable à tout moment. La logistique mise en place

---

[62] Article 21 du décret n° 2012-18 du 18 janvier 2012 relatif au prélèvement et à l'utilisation de substances thérapeutiques d'origine humaine autres que le sang

[63] Article 25 du décret n° 2012-18 du 18 janvier 2012 relatif au prélèvement et à l'utilisation de substances thérapeutiques d'origine humaine autres que le sang

pour le prélèvement n'est pas plus importante que le refus du donneur.
Il en est de même pour le mineur. Son refus doit être strictement respecté. Quoi de plus normal en vertu de sa qualité. « *Est mineure, la personne qui n'a pas encore atteint l'âge de dix-huit ans accomplis*[64] » Les mineurs font partie des personnes protégées à cause de leur vulnérabilité. C'est pourquoi, la majeure partie des actes qu'ils posent, est analysée avec minutie et parfois avec largesse par les autorités.
Le 06 mai 2019, le ministre de la Justice, Garde des Sceaux a présenté au Conseil Économique Social, Environnemental et Culturel le projet de loi visant à ramener la majorité civile qui était de vingt et un (21) ans à dix-huit (18) ans. Cette présentation s'est faite dans le cadre de la préparation de l`opinion publique sur la nouvelle loi sur la famille.
Pour le ministre, il s'agit pour la Côte d'Ivoire d'harmoniser l'âge de la minorité sur les textes nationaux et internationaux.
« Le projet de loi définit le mineur comme étant la personne qui n'a pas encore 18 ans accomplis, ramenant ainsi l'âge de la majorité civile à 18 ans. Cette réforme qui s'aligne sur la définition du mineur telle que prévue par les différentes conventions sur les droits de l'enfant, a pour effet de faire désormais coïncider la majorité civile qui était de 21 ans avec les majorités pénale (Article 116 du code pénal) et électorale (Article 3 du code électoral)

---

[64] Article 1 de la loi n° 70-483 du 3 aout 1970 relative à la minorité

fixées à 18 ans, assurant ainsi une meilleure cohérence sur le plan national », a-t-il expliqué[65].

Deuxio, dans le cadre du prélèvement sur un cadavre, on lit ceci :
« *Le prélèvement de substances d'origine humaine à des fins thérapeutiques ou scientifiques, sur le cadavre d'une personne majeure, ne peut s'effectuer que lorsque celle-ci, de son vivant, aura fait connaître expressément son accord pour une telle opération.*
Toute personne majeure peut s'inscrire sur un registre de don, tenu par le procureur de la République ou le substitut résident de son domicile.[66] »

Ce décret, à travers cet article, est clair sur le prélèvement de substances d'origine humaine à des fins thérapeutiques ou scientifiques, sur le cadavre d'une personne majeure. En effet, à la lecture de l'alinéa premier, il faut impérativement que le patient ou la patiente donne expressément son accord pour une opération de cette envergure. Donner son accord n'est autre que donner son consentement. Et en nous basant sur l'article 21 premièrement de ce même décret, on pourrait ajouter un consentement éclairé, libre et spécifique. C'est important de le souligner parce que du vivant de la personne, certaines personnes de mauvaise

---

[65] « L'âge de la majorité civile ramené à 18 ans » Abidjan.net [en ligne], publié le mardi 7 Mai 2019 [consulté le 26 Juin 2021], www.news.abidjan.net/h/656695.html

[66] Article 27 du décret n° 2012-18 du 18 janvier 2012 relatif au prélèvement et à l'utilisation de substances thérapeutiques d'origine humaine autres que le sang

foi peuvent, en se basant sur la vulnérabilité du patient affaibli par la maladie, influencer son consentement ou se substituer à la personne pour donner un consentement qui n'est pas celui de la personne. Ce serait bien qu'une modification de cet article se fasse en remplaçant « …son accord… » par « …son consentement éclairé, libre et spécifique… » pour éviter certaines ambiguïtés. En modifiant l'alinéa, on pourrait avoir cette phrase :
« Le prélèvement de substances d'origine humaine à des fins thérapeutiques ou scientifiques, sur le cadavre d'une personne majeure, ne peut s'effectuer que lorsque celle-ci, de son vivant, aura fait connaître expressément son consentement éclairé, libre et spécifique pour une telle opération… ».

Le prélèvement des substances d'origine humaine à des fins thérapeutiques ou scientifiques sur le cadavre d'un mineur a été également traité par ce décret.
« Le prélèvement des substances d'origine humaine à des fins thérapeutiques ou scientifiques sur le cadavre d'un mineur, ne peut se faire qu'avec le consentement du père et de la mère ou de son représentant légal.
Le procureur de la République ou le substitut résident du domicile du défunt est informé du projet de prélèvement par courrier avec avis de réception, quel que soit l'auteur du consentement.
Le procureur de la République ou le substitut résident du lieu de décès fait connaître sans ses observations dans les vingt-quatre heures qui suivent. S'il n'émet aucun avis contraire où prélèvement, l'opération se poursuit. Dans tous les cas le médecin qui a effectué

le prélèvement adresse au procureur de la République ou au substitut résident un rapport dans les soixante-douze heures.[67] »
La qualité du patient ou de la patiente fait qu'on recourt obligatoirement au consentement de ses père et mère ou de son représentant légal pour que le prélèvement soit autorisé. Le texte est suffisamment limpide sur les personnes qui peuvent donner le consentement. C'est le père et la mère, pas le père ou la mère. Ce qui veut dire que l'absence d'un des deux consentements si les deux parents sont vivants rend impossible le prélèvement. Théoriquement, le texte est clair mais la pratique épouse-t-elle la théorie ? C'est une question qui est difficile à répondre au vu de l'atmosphère sanitaire ivoirienne qui respire par endroit l'anarchie.
Mais ce qui peut être rassurant, c'est le rôle protecteur du procureur qui est presque la cheville ouvrière et le garant de tout le processus.

Analysons maintenant la loi instaurant la Couverture Maladie Universelle (CMU).

G- LA LOI N°2014-131 DU 24 MARS 2014 INSTITUANT LA COUVERTURE MALADIE UNIVERSELLE (CMU)

La loi n°2014-131 du 24 mars 2014 instituant la couverture maladie universelle (CMU) a été votée dans le

[67] Article 28 du décret n° 2012-18 du 18 janvier 2012 relatif au prélèvement et à l'utilisation de substances thérapeutiques d'origine humaine autres que le sang

but d'instaurer un système de protection sociale permettant un égal accès à la santé à tous les citoyens par le biais de la Couverture maladie universelle (CMU). Elle est un système national de tiers payant assurant la couverture du risque maladie dont l'objectif est de garantir l'accès à des soins de santé de qualité à l'ensemble de la population résidant en Côte d'Ivoire, dans des conditions financières soutenables[68].

A la lecture complète de cette loi qui vient aider les plus démunis à pouvoir se soigner dans la théorie, aucune partie ne traite du consentement médical. Sept (07) ans après le vote de cette loi, le bilan n'est pas satisfaisant. En termes de statistiques concernant l'enrôlement, depuis le démarrage de la phase active de la Couverture Maladie Universelle (CMU), le 1er octobre 2019, ce sont au total 2 421 338 personnes qui ont été enrôlées à fin juin 2020, dont 555 729 au 1er semestre 2020, pour un nombre total de bénéficiaires de 2 979 469[69].

Le porte-parole du gouvernement, et ministre de la Communication et des Médias d'alors, Sidi Tiémoko Touré, s'est prononcé à l'occasion d'une conférence de presse le 16 septembre dernier sur le bilan du 1er semestre 2020 du Programme social du gouvernement (Psgouv). Selon le ministre, 102 231 personnes ont

---

[68] « La CMU, un système obligatoire pour les personnes résidant en Côte d'Ivoire » Abidjan.net [en ligne], publié le vendredi 13 février 2015 [consulté le 26 Juin 2021] www.news.abidjan.net/h/526027.html

[69] « Côte d'Ivoire - Couverture Maladie Universelle : 555 729 personnes enrôlées au 1er semestre 2020 » Abidjan.net [en ligne], publié le Vendredi 18 Septembre 2020 [consulté le 26 Juin 2021] www.businessfrance.fr

bénéficié des prestations dans le cadre de la CMU, 174 165 consultations ont été effectuées d'octobre 2019 à fin juin 2020, dont 79 063 au 1er semestre 2020 pendant que le taux de disponibilité global des médicaments est de 85%[70].

Les propos de l'ex-porte-parole du gouvernement et ex-ministre de la Communication et des médias concernant le bilan de du 1er semestre 2020 sont alarmants. En effet, sur une population estimée à environ vingt-sept millions dix mille trois cent cinquante-six habitants[71], environ un peu plus de trois millions sont bénéficiaires de ce projet qui devrait prendre en compte en principe toute la population. On découvre que ce projet à l'heure actuelle n'est qu'un leurre puisque dans la pratique, il y a une dichotomie sans réserve entre le projet tel que présenté par le gouvernement ivoirien et la réalité. Aujourd'hui, en prenant le paysan de Napiéolédougou[72], le maçon résidant à Zranbanhou[73], le menuisier résidant à Bonoua[74], l'agriculteur d'Amélékia[75] ou encore le planteur de Golikro[76], aucun d'eux ne pourra dire qu'il bénéficie véritablement de la Couverture Maladie Universelle alors que sa vocation première est d'instaurer un système de protection sociale permettant un égal

---

[70] Ibid.

[71] « Horloge de la population de Côte d'Ivoire » Le Département des affaires économiques et sociales des Nations Unies lien externe.], publié le Dimanche 11 juillet 2021 [consulté le 11 juillet 2021]

[72] Localité située dans la partie septentrionale de la Côte d'Ivoire

[73] Canton situé dans la partie occidentale de la Côte d'Ivoire

[74] Ville située dans la partie australe de la Côte d'Ivoire

[75] Localité située dans la partie orientale de la Côte d'Ivoire

[76] Localité située dans la partie centrale de la Côte d'Ivoire

accès à la santé à tous les citoyens. Il faudrait repenser ce système de protection afin qu'il soit plus ouvert à tous. Il faut une véritable prise de conscience collective concernant l'accès au soin en Côte d'Ivoire car aujourd'hui le bilan national au niveau de la santé n'est pas si reluisant pour un pays qui a atteint ce niveau économique.

Que nous dit la loi relative à l'exercice et à l'organisation de la médecine et de la pharmacopée traditionnelle ?

H- LA LOI N°2015-536 DU 20 JUILLET 2015 RELATIVE A L'EXERCICE ET A L'ORGANISATION DE LA MEDECINE ET DE LA PHARMACOPEE TRADITIONNELLES

La Côte d'Ivoire à l'instar de plusieurs pays dans le monde, allie la médecine occidentale et la médecine traditionnelle. Longtemps restée dans l'anarchie, la médecine traditionnelle a finalement été formalisée dans l'ordonnancement juridique ivoirien après moult revendications des acteurs.

La loi n°2015-536 du 20 juillet 2015 relative à l'exercice et à l'organisation de la médecine et de la pharmacopée traditionnelles définit la médecine traditionnelle comme : « l'ensemble de toutes les connaissances et pratiques, matérielles ou immatérielles, explicables ou non, utilisées pour diagnostiquer, prévenir ou éliminer un déséquilibre physique, mental, psychique et social, en s'appuyant exclusivement sur des connaissances transmises de génération en génération, oralement ou par écrit, et sur

des expériences vécues[77] ». Cette définition n'est pas différente de celle donnée par l'Organisation Mondiale de la Santé (OMS). Pour elle, « la médecine traditionnelle est la somme totale des connaissances, compétences et pratiques qui reposent sur les théories, croyances et expériences propres à une culture et qui sont utilisées pour maintenir les êtres humains en bonne santé ainsi que pour prévenir, diagnostiquer, traiter et guérir les maladies physiques et mentales[78] .»
La Côte d'Ivoire est considérée comme l'une des pionnières de la médecine traditionnelle en Afrique. En termes de bilan actuel au compte de la médecine traditionnelle en Côte d'Ivoire, c'est :

- **Environ 1500 espèces de plantes médicinales identifiées par les chercheurs ivoiriens**

Les chercheurs ivoiriens en matière de médecine traditionnelle ont par leurs efforts, modernisé le domaine. Mille quatre cent vingt et une (1421) espèces de plantes médicinales intervenant dans la médecine traditionnelle et permettant la prise en charge des patients ont été identifiées à ce jour par les chercheurs

---

[77] Article 1er de la Loi n°2015-536 du 20 juillet 2015 relative à l'exercice et l'organisation de la médecine et de la pharmacopée traditionnelles

[78] Organisation Mondiale de la Santé, « Principes méthodologiques généraux pour la recherche et l'évaluation de la médecine traditionnelle », [en ligne], publié en 2000, [consulté le 26 juin 2021], www.who.int/topics/traditional_medicine/definitions/fr.

ivoiriens[79]. Ces propos ont été tenus par le directeur du Programme National de Promotion de la Médecine Traditionnelle (PNPMT). On note au travers de cette statistique qui date de 2014, une avancée notable dans ce milieu qui mérite d'être pris en considération.

- **La mise en place d'un logiciel de recensement des tradipraticiens**

C'est une véritable révolution en Afrique mais plus précisément en Côte d'Ivoire. Pendant que certaines professions modernes n'ont pas de plateformes de recensement, ce domaine qui a commencé très anarchiquement est passé des ténèbres à une admirable lumière.

Le Programme National de Promotion de la Médecine Traditionnelle (PNPMT) a élaboré et mis en œuvre un logiciel d'information et de gestion des tradipraticiens de santé (TPS) afin d'apporter une réponse aux problèmes de santé des populations. Cette plateforme de recensement a permis de recenser plus de huit mille cinq cents (8500) tradipraticiens de santé dans (12) régions administratives de la Côte d'Ivoire[80]. Ce recensement permet d'avoir une vue panoramique sur les acteurs de la médecine traditionnelle et de rationaliser la gestion des ressources humaines et des expertises.

---

[79] Théodore Kouadio, « Médecine traditionnelle : La Côte d'Ivoire, pionnière en Afrique » [en ligne], publié le 04 Avril 2014 [consulté le 26 juin 2021].

[80] Ibid.

- **L'intégration de la médecine traditionnelle dans le système de santé publique**

L'intégration de la médecine traditionnelle dans le système de santé publique est l'une des prouesses du bilan qu'on peut dresser en ce moment. Prouesse parce que la médecine traditionnelle était interdite pendant la période coloniale. C'est un pas vers l'optimisation de ce milieu autrefois hautement chaotique et décousu.
En analysant la loi n°2015-536 du 20 juillet 2015 relative à l'exercice et à l'organisation de la médecine et de la pharmacopée traditionnelles, on s'aperçoit du haut de ses cinq (05) titres qu'aucune disposition ne met en avant le consentement médical. Pourtant ce milieu est beaucoup fréquenté par des patients qui n'ont pas suffisamment les moyens de se payer le luxe des hôpitaux. Qu'est ce qui se passe lorsque le tradipraticien finit son diagnostic ? Impose-t-il le traitement au patient ? Recueille-t-il le consentement du patient avant l'accomplissement des actes médicaux traditionnels sur celui-ci ?
Il y a ici un vide juridique criard dans ce domaine qui a commencé à se moderniser.
Le décret n°2016-24 du 27 janvier 2016 portant Code d'éthique et de déontologie des praticiens de médecine et de pharmacopée traditionnelles est également muet sur la question, lui qui évoque en son chapitre deuxième, les devoirs généraux et les responsabilités du praticien de médecine traditionnelle.

Après cette balade textuelle en droit ivoirien concernant le consentement médical, on voit que parmi les textes étudiés, quelques-uns font mention de cette question.

Elle n'est pas si nouvelle en droit ivoirien. La présence du consentement médical dans tous les aspects du contrat médical est peut-être due au fait que les textes régissant la matière sont éparpillés. Si ceux-ci étaient rassemblés dans un Code, il y aurait une visibilité sur eux et une facilité à les modifier en cas d'inadéquation avec les réalités du moment. Malheureusement, la Côte d'Ivoire ne possède pas un Code de la santé publique moderne et adapté à ses réalités.

1-2 : L'INEXISTENCE D'UN CODE DE SANTE PUBLIQUE MODERNE

Dans son aspect définitionnel, un Code de la Santé Publique regroupe l'ensemble des dispositions régissant les professions de santé d'un pays. Il définit les procédures à suivre, les responsabilités, le cadre réglementaire, les objectifs à atteindre dans le but de la santé des populations. En Côte d'Ivoire, l'inexistence d'un Code de santé publique moderne peut s'expliquer historiquement. Après l'importation du Code de la santé publique français en 1954 (A), on a assisté à une quasi-inaction législative dans la santé publique visant à instaurer un code moderne rassemblant toutes les lois et décrets pris dans le domaine sanitaire (B).

A- L'IMPORTATION DU CODE DE LA SANTE PUBLIQUE FRANÇAIS DE 1953

Étant l'une des mamelles nourricières de l'Afrique occidentale, la Côte d'Ivoire à l'heure actuelle de son développement, ne dispose pas d'un Code de santé publique moderne. Au regard de l'ancienneté législative et des moyens que regorge ce pays, c'est inadmissible et inconcevable. On pourrait faire ce procès au pouvoir exécutif et au pouvoir législatif puisque, de ces deux pouvoirs, dépend la mise en œuvre effective de ce Code. L'acquisition de l'indépendance le 07 août 1960, devrait en principe permettre l'autonomie dans tous les domaines, mais plus précisément, dans le domaine législatif. Mais le constat est l'opposé de ce qui était censé être. L'ancienne colonie est malheureusement restée dans les pas du colon. Le législateur ivoirien à l'instar de la majeure partie des pays africains, est resté accroché aux anciennes lois. Quand nous scrutons le catalogue des lois, nous voyons avec étonnement que certains textes n'ont jamais connu de modifications depuis leur réception de la part du colon. D'autres textes ont connu des modifications mais celles-ci ne se sont pas basées sur les réalités sociologiques de nos États. Comme élément illustratif, nous pouvons prendre l'exemple du Code civil en vigueur en Côte d'Ivoire. Le Code civil en vigueur est le Code civil de Napoléon[81] avec quelques lois propres à nos réalités. Certaines dispositions, déconnectées de nos réalités actuelles, sont toujours applicables. Pourtant, les initiateurs de ce Code issu de la loi 30 ventôse an XII l'ont plusieurs fois modifié et adapté à leurs réalités actuelles.

---

[81] Code promulgué le 21 mars 1804 (30 ventôses an XII)

L'histoire coloniale nous fait dire qu'un an après l'institution du premier code de la santé publique en France datant de 1953[82], la Côte d'Ivoire a intégré dans son ordre juridique quelques traits du même code notamment dans la sphère pharmaceutique. Bien que la loi n° 54-418 du 15 avril 1954 étendait aux territoires d'outremer, au Togo et au Cameroun certaines dispositions du Code de la santé publique relatives à l'exercice de la pharmacie, cette loi s'appliquait également en Côte d'Ivoire puisque la Côte d'Ivoire était toujours une colonie française. C'est avec ces dispositions importées que la santé publique a fonctionné et continue de fonctionner puisqu'il n'y a pas de refonte ou du moins d'adoption d'un nouveau Code authentique à la Côte d'Ivoire.

Ce qui est le plus frappant c'est que nous sommes en face d'un silence sépulcrale du législateur. Législateur qui est largement influencé par le pouvoir exécutif et qui peine à légiférer sur des projets aussi importants et qui intéressent l'intérêt général.

---

[82] Journal Officiel de la République Française (JORF), décret n°53-1001 du 5 octobre 1953

B- L'INACTION DU LEGISLATEUR DANS LES DOMAINES CRUCIAUX DE DEVELOPPEMENT DEPUIS LA CÔTE D'IVOIRE INDEPENDANTE

Le législateur ivoirien, depuis l'avènement de la Côte d'Ivoire indépendante, brille par son inaction dans les domaines les plus cruciaux en l'occurrence, le domaine sanitaire. Cette inaction serait-elle due à son historicité ? Serait-elle due aux conditions d'accès à l'hémicycle ou à une incapacité intellectuelle des élus puisqu'on a constaté au cours des décennies passées qu'il y a eu des personnes pas très qualifiées dans la représentation nationale ? Enfin, serait-elle due à un désintérêt pur et simple pour la santé publique ?

L'organisation de la fonction parlementaire de la Côte d'Ivoire sous la colonisation était régentée par le décret 46-2375 du 25 octobre 1946 pris par le ministre de la France d'Outre-mer. « Le 23 décembre 1946, eurent lieu les élections en vue de la désignation des conseillers généraux en Côte d'Ivoire. Cinquante candidats étaient proposés selon le système du double collège, à raison de vingt sièges pour les citoyens de statut français (civil), et de trente sièges pour les citoyens de statut local. Ainsi furent élus vingt européens, dix-huit ivoiriens et douze voltaïques.[83] ». En substitution au conseil général, la loi

[83] Francis V. Wodié, Institutions politiques et droit constitutionnel en Côte d'Ivoire, Presses universitaires de Côte d'Ivoire, juillet 1996, pp 35 et 36.

française n°52-130 du 6 février 1952 instaure l'Assemblée représentative territoriale ivoirienne. Cinquante conseillers territoriaux sont élus dans la même période avec à leur tête, un président désigné par les nouveaux élus. Après la proclamation de la première république ivoirienne le 4 décembre 1958, le titre de « conseillers territoriaux » s'est mué en « députés ». La Côte d'Ivoire qui était à l'aube de son indépendance, s'est dotée de sa première constitution le 26 mars 1959. Cette constitution présentait le système politique comme un régime parlementaire puisque, le nombre de député s'étant multiplié par deux [cinquante (50) au début et cent (100) en 1959], un des députés (le Président Feu Felix Houphouët Boigny) fut désigné pour diriger le pays en tant que premier ministre mais le président de cette Assemblée était l'honorable Philippe Grégoire Yacé.
L'organisation de la fonction parlementaire de la Côte d'Ivoire indépendante, peut s'expliquer en 3 phases à savoir l'organisation de la fonction parlementaire dans la première république, l'organisation de la fonction parlementaire dans la deuxième république et celle de la troisième république dans laquelle la Côte d'Ivoire est en ce moment. Il est important de mentionner d'emblée que dans la première et deuxième république, on avait le monocamérisme tandis que dans la troisième république on a le bicaméralisme, cette forme qui fait bifurquer le parlement. On a l'instauration du Sénat et de la vice-présidence dans la troisième république pour une démocratie en perpétuelle secousse. La deuxième république nous a offert une organisation un peu moderne que dans la première république avec une augmentation du nombre des députés couvrant tout le

territoire national. On s'est rapproché du terme de « représentation nationale » alors que dans la première république, on avait une moitié de l'assemblée nationale réservée aux représentants français et l'autre moitié réservée aux représentants ivoiriens. La troisième république, comme mentionnée plus haut, nous présente un bicamérisme c'est-à-dire la division du parlement en deux chambres. Une chambre haute (Sénat) et une chambre basse (Assemblée Nationale). Le statut des députés se renforce ainsi que leur rôle dans la vie de la nation. A l'Assemblée Nationale de Côte d'Ivoire, il existe six (06) commissions parlementaires permanentes et la santé publique, sujet qui nous intéresse, est inclue dans la commission des Affaires sociales et culturelles.
Pour revenir à la question de l'inaction du législateur, on pourrait se poser certaines interrogations : comment expliquer au législateur que si la santé publique est « malade », le pays peut ne pas bien se porter ? En cherchant des réponses à ces questionnements, une raison pourrait justifier le désintérêt des élus pour l'amélioration de la santé publique. En effet, la plupart des autorités ne se soignent pas en Côte d'Ivoire. Elles sont des fidèles patients des hôpitaux européens. Quel paradoxe ? Pour preuve, l'ex premier ministre Feu Hamed BAKAYOKO est passé de vie à trépas sur une civière occidentale des suites d'un fulgurant cancer nous a-t-on dit. Son prédécesseur le premier ministre Feu Amadou Gon COULIBALY lui, avait passé deux séjours consécutifs dans les hôpitaux français avant de tirer sa révérence après un arrêt cardiorespiratoire sur la terre de ses ancêtres. Les présidents actuels du Sénat et de l'Assemblée nationale passent la majeure partie de leur

temps à l'extérieur du pays, également pour des soins. C'est déshonorant de savoir que les dirigeants d'un pays qui avaient prôné « les solutions » aux maux des ivoiriens, spécialement en matière de santé, construisent un système sanitaire et vont se soigner ailleurs. Pourquoi ne font-ils pas confiance au système qu'eux-mêmes ont construit ? N'ont-ils pas confiance aux professionnels qui œuvrent dans le système qu'ils dirigent ?

Pour pallier ce problème, il faudrait peut-être voter une loi obligeant les autorités à se soigner en Côte d'Ivoire sous peine de sanctions effectives. En le faisant, ils pourront éventuellement s'intéresser davantage à la législation dans la santé publique afin de la rendre optimale vu qu'ils auront l'obligation de faire leurs soins à l'intérieur du pays.

Après l'étude des lois régissant le domaine sanitaire ivoirien, on constate une dispersion des lois et décrets en vigueur. C'est un véritable parcours de combattant de les retrouver et de les analyser minutieusement. Cela pose un problème d'accessibilité pour les professionnels qui ont besoin constamment de connaître leurs devoirs et obligations ainsi que leurs droits mais aussi et surtout pour les patients qui ont besoin eux aussi de connaître leurs droits. Il faudrait donc pour harmoniser et optimiser le système sanitaire ivoirien, mettre en place le plus rapidement possible un nouveau Code la santé publique rassemblant toutes les lois et décrets et prenant en compte les réalités de ce système en proie au trafic d'organes, à la corruption, à la négligence des patients, au clientélisme, au détournement de médicaments et de deniers publics et au racket etc. L'inexistence d'un Code de santé publique moderne favorise le désordre dans le domaine sanitaire. L'anarchie et la corruption ont infesté jusqu'aux os le secteur de la santé. Le serment d'Hippocrate est désacralisé dans certaines localités. L'exercice illégal de la médecine et de la pharmacie bat son plein c'est pourquoi la mise en place d'un Code de la santé publique moderne serait un premier remède juridique qui permettra d'avoir une plus grande visibilité sur les artères dans lesquelles aucune loi n'a été prise et surtout de faire revisiter certaines lois afin de les actualiser à l'évolution des infractions commises actuellement.

2 : LA NECESSITE ET L'URGENCE D'ETABLIR UN NOUVEAU CODE DE LA SANTE PUBLIQUE IVOIRIEN

Le 18 janvier 2018, le ministère de la Santé et de l'Hygiène publique de Côte d'Ivoire a officiellement lancé le processus de révision du Code de la santé publique, en présence de tous les acteurs concernés. Ce projet de codification vient concrétiser la volonté du ministère d'exercer ses missions de réglementation et de régulation de façon plus efficace, contribuant ainsi à renforcer la qualité des services de santé en Côte d'Ivoire[84]. Cette initiative annonce un très beau temps dans la météo du système sanitaire ivoirien. En effet, jeter

[84] Expertise France en Côte d'Ivoire, « Lancement du processus de révision du Code de la santé publique de Côte d'Ivoire », [en ligne], publié le 19/01/2018, [consulté le 26 juin 2021], www.expertise-france.fr

les dés de la révision du code de la santé publique est d'autant plus important que nécessaire, mais adopter un nouveau code serait bien meilleur. Ce Code pourra instaurer un véritable droit des patients avec pour pierre angulaire l'autonomie de celui-ci dans la relation qu'il entretient avec le médecin ; organiser comme il se doit les établissements publics et privés de santé, mettre en place des politiques de santé publique et surtout lutter activement contre l'exercice illégal de la médecine et la vente des médicaments dans les rues : véritables gangrènes du système de santé ivoirien.
Cette adoption qui sera propre aux réalités ivoiriennes peut être initiée par le gouvernement (2-1) et aussi par les membres du Parlement (2-2)

2-1 : UN PROJET DE LOI INSTITUANT UN CODE DE SANTE PUBLIQUE IVOIRIEN

L'initiative de l'adoption d'un nouveau code de la santé publique peut émaner du pouvoir exécutif puisque le Président de la République a l'initiative des lois, concurremment avec les membres du Parlement[85]. Or, le président, pour la matérialisation de son programme de gouvernance, s'appuie sur le gouvernement qui est chargé de la mise en œuvre de la politique de la Nation telle que définie par lui-même[86]. Le projet de loi tributaire de l'exécutif, est procédural et doit impérativement respecter certaines conditions.

[85] Article 74 de la Constitution ivoirienne de 2016
[86] Article 81 de la Constitution ivoirienne de 2016

C'était donc une nouvelle rassurante quand en 2018, le ministère de la santé et de l'hygiène publique portait le projet de révision du code de la santé publique mais cela ne doit pas s'arrêter à cette étape même si ce n'était pas trop tôt. Ces sentiers devaient être battus dès les premières années après la prise de pouvoir de l'actuel gouvernement mais ne dit-on pas que mieux vaut tard que jamais ? Cette initiative aussi salvatrice soit-elle ne devrait pas être mise en veilleuse. Elle devrait en principe être une priorité pour le ministère de la santé et de l'hygiène publique, qui doit redoubler d'efforts dans la santé publique. Après six (06) décennies, il faut féliciter ce ministère qui a osé mettre sur la table ce projet de codification qui, on espère, ira au bout dans un délai assez raisonnable.

2-2 : UNE PROPOSITION DE LOI INSTITUANT UN CODE DE SANTE PUBLIQUE IVOIRIEN

La Commission des Affaires sociales et culturelles de l'Assemblée nationale ivoirienne, s'occupant de l'éducation, de la jeunesse, des sports, des loisirs, de la santé publique, de la population, du travail, des affaires sociales, des statuts, de la consommation, de la fonction publique et de la promotion du genre doit s'activer. Indépendamment de l'exécutif, cette commission peut proposer une loi instituant un code de la santé publique. C'est bien de coordonner les actions mais s'il y a une lenteur au niveau de l'exécutif, le législatif doit prendre la main afin d'accélérer ce processus puisqu'en tout état de cause, les travaux préparatoires de l'exécutif finiront leur course devant le législatif. Ces deux entités (pouvoir législatif et exécutif), ayant la capacité de résoudre cette épineuse question ne doivent pas la laisser aux oubliettes. Généralement en Côte d'Ivoire, l'exécutif a toujours la majorité à l'Assemblée nationale. De facto, si la volonté y est, cette question devrait être évacuée depuis lors mais malheureusement on est en face d'une stagnation déconcertante.

Au-delà de cette commission, chaque parlementaire qui est le représentant de la Nation entière[87] peut déposer une proposition de loi allant dans ce sens. La santé publique est l'affaire de tous et chacun à son niveau devrait mettre du sien pour qu'elle se bonifie. On appelle ici, à une prise de conscience tant individuelle que collective afin d'arriver à la mise en place effective de ce Code tant attendu.

A la fin de ce chapitre premier, il convient de retenir que le consentement médical, n'est pas formellement inscrit dans les textes faisant office de réglementation sanitaire en Côte d'ivoire même si dans certaines lois, on peut voir des empreintes de celui-ci. Aussi, le Code de la santé publique, cette « bibliothèque » regorgeant les textes en matière sanitaire est en cours de révision. Intéressons-nous maintenant à la pratique en étudiant l'équivalent du consentement libre et éclairé dans le droit français. Quel est donc cet équivalent en droit ivoirien ? Comment définirait-on le contrat médical en droit ivoirien ?

[87] Article 96 de la Constitution ivoirienne de 2016

Comment l'assentiment du patient est-il requis en droit ivoirien ?

Nous nous évertuerons dans cette seconde partie, à construire notre analyse autour de ces principales interrogations.

CHAPITRE II

L'ADHESION AU CONTRAT DE SOINS EN DROIT IVOIRIEN : L'EQUIVALENT DU CONSENTEMENT ECLAIRE ET LIBRE EN DROIT FRANÇAIS

En Côte d'Ivoire, la relation contractuelle entre le médecin et son patient est largement influencée dans les faits par le paternalisme médical. Aucun texte ivoirien ne considère explicitement la relation de soins comme un contrat. Mais dans certains textes, (précisément le décret n° 2012-18 du 18 janvier 2012 relatif au prélèvement et à l'utilisation de substances thérapeutiques d'origine humaine autres que le sang) on demande à avoir le consentement librement et éclairé avant toute action de la part du professionnel de santé. En se basant sur cela, on pourrait se permettre de le définir comme un contrat parce que l'une des conditions de validation du contrat est le consentement. Dans le contrat entre le médecin et le patient, chaque partie s'engage à faire quelque chose. Le médecin doit soigner avec la même conscience tous ses malades quels que soient leur condition, leur nationalité, leur religion, leur réputation et les sentiments qu'ils inspirent [88]. Le patient à son niveau doit en contrepartie de cette prestation, payer les honoraires au médecin. Le médecin doit toujours établir lui-même sa note d'honoraires ; il doit le faire avec tact et mesure. Les éléments d'appréciation sont la situation de fortune du

[88] Article 3 du Code de déontologie médical ivoirien

malade, la notoriété du médecin, les circonstances particulières. Un médecin n'est jamais en droit de refuser à son client des explications sur sa note d'honoraires[89]. Or, le code civil ivoirien définit le contrat comme une convention par laquelle une ou plusieurs personnes s'obligent, envers une ou plusieurs autres, à donner, à faire, ou ne pas faire quelque chose[90]. La relation entre le professionnel de santé et le patient peut être considérée valablement comme un contrat. Mais de quel contrat s'agit-il ? Est-ce le même contrat en droit français qui met en lumière l'autonomie du patient ?

Pour nous, au vu de la pratique qui prévaut en Côte d'Ivoire, on qualifierait ce contrat liant ces deux acteurs de contrat d'adhésion en plus de son caractère synallagmatique. Qu'est-ce que le contrat d'adhésion ?

Le contrat d'adhésion n'était pas prévu par le Code civil de 1804. Il a été inventé par Saleilles[91] qui a mis en valeur sa spécificité, fondé sur l'unilatéralisme dans la détermination des obligations, dont il dénonçant les dangers[92]. Dans cette catégorie de contrat, l'une des parties peut en effet, se voir imposer le contenu de la convention par son cocontractant, placé en situation dominante, comme l'illustrent par exemple les contrats unissant un consommateur à un professionnel[93].

---

[89] Article 39 du Code de déontologie médical ivoirien

[90] Article 1101 du code civil ivoirien

[91] Raymond Saleilles est un juriste français né le 14 janvier 1855 à Beaune et mort le 3 mars 1912 à Paris

[92] Stéphanie PORCHY-SIMON, *Droit des obligations,* 2021, 13ème Edition, p. 30

[93] Ibid.

Dans la pratique ivoirienne, les relations entre celui qui a prêté le serment d'Hippocrate et celui qui est affaibli par la maladie sont presque similaires aux conditions telles que présente le contrat d'adhésion.
Dans cette partie, nous justifierons les raisons qui nous permettent d'affirmer que la pratique effectuée en Côte d'Ivoire est le paternalisme médical. Nous proposerons par la suite, l'adoption et la matérialisation dans les textes (dans le Code de la santé publique qui sera révisé) du consentement libre et éclairé dans le contrat médical ivoirien.

1 : LE PATERNALISME MEDICAL : PRATIQUE EN COTE D'IVOIRE

Dans la pratique médicale en Côte d'Ivoire, l'obligation d'information dans le but de recueillir le consentement est quasi-inexistante (1-1). Cette quasi-inexistence, nous pousse à sortir de la pénombre, la procédure de recueillement du consentement dans la pratique médicale ivoirienne (1-2).

1-1 : L'OBLIGATION D'INFORMATION : UNE OBLIGATION QUASI-INEXISTANTE EN DROIT IVOIRIEN

L'obligation d'information en Côte d'Ivoire revêt un caractère fragmentaire (A) c'est pourquoi il est impérieux de la revoir afin de mieux la cristalliser dans les textes (B).

A- LE CARACTERE FRAGMENTAIRE CONCERNANT L'OBLIGATION D'INFORMATION

En France, comme on l'a vu dans la première partie, le Code de la Santé Publique est clair et précis sur l'obligation d'information. Lorsque le médecin ne la respecte pas quand il requiert le consentement du patient, il met en jeu sa responsabilité. Cette partie qui est plus qu'indispensable dans la recherche du consentement est traitée par l'article R.4127-35 du code de la santé publique français.

Dans le droit ivoirien, à l'instar du consentement libre et éclairé, aucun texte de loi ne le prévoit très formellement. Ce vide juridique entraîne des conséquences sur la relation praticien – patient puisque le médecin n'a aucune obligation d'informer le patient avant et après l'acte médical.

En parcourant le droit ivoirien, certaines dispositions évoquent l'obligation d'information.

« *Hors le cas prévu à l'article précédent, le médecin attaché à un établissement comportant le régime de l'internat, doit, en présence d'une affection grave, faire avertir les parents et accepter ou provoquer, s'il le juge utile, la consultation du médecin désigné par le malade ou sa famille*[94]. »

Cette disposition, loin de traduire l'obligation d'information dans toute son entièreté n'est qu'un pan de celle-ci. Elle ne concerne que la situation d'un mineur ou

---

[94] Article 32 du code déontologie médicale ivoirien

d'un incapable. Le médecin en charge de l'une des deux catégories de personnes doit en cas d'affection grave faire avertir les parents et accepter s'il estime utile la consultation du médecin choisi par le malade ou sa famille. Avertir les parents des mineurs ou des personnes incapables nous renvoie à l'idée d'obligation d'information des parents ou proches de ceux-ci. Le médecin est donc dans l'obligation de le faire quand il se retrouve confronté à cette situation.
Ce serait bien si cette obligation d'information n'était pas réservée aux mineurs et aux personnes incapables. Elle doit être étendue au contrat médical comme en France. Mais dans l'ensemble, on déduit que l'obligation d'information en elle-même n'existe dans aucun texte alors que cette phase dans l'obtention du consentement du patient est d'autant plus importante que nécessaire. Elle est réalisée pendant le colloque singulier entre le médecin et le patient. Cette étape permet au patient d'être éclairé sur les toutes les conséquences des actes médicaux que l'homme de l'art va accomplir sur son corps.
Si dans la pratique elle se fait de façon anarchique, en Côte d'Ivoire, nous proposons qu'elle soit formalisée et très bien encadrée. Elle doit également être comptabilisée au compte des obligations du médecin pour qu'en cas de non-respect, la responsabilité du médecin soit directement engagée.

B- LA PROPOSITION DE LA CRISTALLISATION DE L'OBLIGATION D'INFORMATION DANS LA RECHERCHE DU CONSENTEMENT DANS LE CONTRAT MEDICAL IVOIRIEN

La formalisation de l'obligation d'information dans la recherche du consentement dans le contrat médical ivoirien serait un élément qui pourrait éclairer le patient dans sa prise de décision. Dans cette obligation d'information, le praticien est le débiteur et le patient le créancier.

Comme en France, il faudrait inclure cette étape dans le processus la recherche de consentement et l'inscrire au compte des obligations des professionnels.

L'article 33 du code de déontologie médicale ivoirien dispose :

« *Un pronostic grave peut légitimement être dissimulé au malade. Un pronostic fatal ne peut lui être révélé qu'avec la plus grande circonspection, mais il doit l'être généralement à sa famille, à moins que le malade ait préalablement interdit cette révélation ou désigné les tiers auxquels elle doit être faite.* »

La première phrase de cet article doit être revue parce que le patient a le droit d'être bien renseigné sur son état (à condition qu'il refuse de le savoir) et sur tous les actes médicaux qu'il va subir puisque l'une des particularités du consentement médical, c'est qu'il est requis à chaque acte contrairement au consentement dans le contrat civil.

Pour chaque acte, il va falloir l'informer sur les conséquences à court, moyen et long terme (s'il y en a) et surtout les risques qui pourraient résulter de la période post-soin.

L'obligation d'information, si elle devrait être formalisée dans le contrat de soins en droit ivoirien, peut revêtir la même « blouse » que l'article 35 du code de déontologie médicale français dans lequel on lit ceci :
« *Le médecin doit à la personne qu'il examine, qu'il soigne ou qu'il conseille, une information loyale, claire et appropriée sur son état, les investigations et les soins qu'il lui propose. Tout au long de la maladie, il tient compte de la personnalité du patient dans ses explications et veille à leur compréhension.*
Toutefois, lorsqu'une personne demande à être tenue dans l'ignorance d'un diagnostic ou d'un pronostic, sa volonté doit être respectée, sauf si des tiers sont exposés à un risque de contamination.
Un pronostic fatal ne doit être révélé qu'avec circonspection, mais les proches doivent en être prévenus, sauf exception ou si le malade a préalablement interdit cette révélation ou désigné les tiers auxquels elle doit être faite. »
On retiendra trois principaux éléments dans l'obligation d'information que le droit ivoirien pourrait épouser en cette matière. Il s'agit de la clarté de l'information, du caractère approprié de l'information ainsi que la loyauté de celle-ci.

- **La clarté de l'information**

L'information transmise au patient sur son état et sur les actes médicaux qu'il doit subir ainsi que les effets encourus, doit être convenablement exposée. Elle ne doit pas être ambiguë et transmise de façon lapidaire. Elle doit se faire dans le respect du patient pendant le colloque singulier.
Selon une expression fréquemment prêtée à Hippocrate, le colloque singulier est « la rencontre d'une confiance et

d'une conscience ». En effet, au cours de cette rencontre dans laquelle le patient va se confier au professionnel, il ne faudrait pas qu'une tierce personne qui n'est pas habilitée soit présente. Le colloque singulier en Côte d'Ivoire est problématique par endroit puisque parfois les professionnels permettent que les aides-soignantes, les étudiants en médecine ou des autres branches médicales y assistent. Cela pourrait être déshonorant pour le patient qui de nature a du mal à se confier sur le mal qui le ronge. Les professionnels devront revoir ce pan afin de respecter l'intimité et la dignité du patient. En évoquant ce sujet, il est bien de préciser que ce colloque n'a rien à avoir avec l'exécution des soins où les apprenants peuvent y participer pour leur formation. Le colloque singulier est également le lieu de naissance du secret médical.

L'information communiquée au patient par le professionnel de santé ne doit pas contenir des réserves à moins que le patient ne le demande expressément, dans ce cas, le professionnel devrait respecter la volonté de celui-ci. Pour finir, l'information ne devra pas être donnée de manière désordonnée. Elle doit respecter une hiérarchisation.

- **L'information appropriée**

Par information appropriée, il faut comprendre qu'il faut que le praticien s'assure que son interlocuteur entende et comprenne le message qu'il lui transmet. Pour cela, le praticien doit se fonder sur les capacités intellectuelles de son patient lorsqu'il lui donne l'information.

En 2017, il y avait 9.930.042 d'analphabètes en Côte d'Ivoire[95], soit à peu près le tiers de la population ivoirienne. Avec ce taux anormal d'analphabétisme, les praticiens devraient adapter leur lexique médical à la compréhension des patients dits analphabètes. Le niveau socioculturel ne devrait pas être mis en marge dans le caractère approprié de l'information. La Côte d'Ivoire qui compte plus de soixante (60) ethnies, il y a des hameaux dans lesquels le français, la langue nationale, ne se parle presque pas. Il ne faudrait pas négliger cet aspect afin de ne pas s'acquitter de l'obligation d'information.
Le caractère approprié de l'information nous oblige à évoquer les questions de l'âge du patient surtout lorsque le patient a des troubles mentaux. Il faudrait que ces éléments soient pris en compte si l'obligation d'information est reconnue dans le contrat médical en droit ivoirien.

La loyauté de l'information

Dans la loyauté de l'information, il faudrait que le praticien ne dissimule aucunes données concernant la quintessence de l'information. Le médecin doit être véridique avec le patient. C'est pourquoi si l'obligation d'information doit intégrer le contrat de soins ivoirien, la première phrase de l'article 33 du code de déontologie médicale ivoirien doit subir une modification concernant

---

[95] Éducation, « LE TAUX D'ANALPHABÉTISME A CHUTE DE 7.2 % EN COTE D'IVOIRE », [en ligne], publié le 09/10/2017, [consulté le 30 juin 2021], www.gouv.ci

la dissimulation de l'information en cas de pronostic grave. En revanche, et pour rejoindre ledit article, il faut effectivement que ce pronostic grave lui soit annoncé avec la plus grande circonspection.

Toujours dans la proposition de la matérialisation de l'obligation d'information dans le contrat de soin en droit ivoirien, les questions de l'urgence, de l'impossibilité d'être informé et du refus d'être informé pourraient inéluctablement se poser. On procédera de manière casuistique à la résolution de ces interrogations.

- **L'urgence et l'impossibilité dans l'obligation d'information**

Dans certains cas, le malade pourrait être hors d'état de recevoir une information sur son état de santé. Ici, le bon sens de l'homme qui a prêté le serment d'Hippocrate doit lui permettre de porter hâtivement assistance au malade sans qu'il ne passe par l'obligation d'information. On viole légitiment ce droit reconnu au patient parce que sa vie en dépend. Puisque c'est la vie du patient qui est la plus importante, l'inactivité ou la non-assistance du toubib pourrait engager sa responsabilité surtout pénale pour non-assistance à personne en péril[96].

---

[96] Article 352 du code pénal ivoirien : « *Est puni d'un emprisonnement de trois mois à cinq ans et d'une amende de 30.000 à 300.000 francs*

On pourrait donc se baser sur l'article 9 du code de déontologie médicale français qui traite bien de la question afin de rédiger le nôtre.
Cet article dispose en substance : « *Tout médecin qui se trouve en présence d'un malade ou d'un blessé en péril, doit lui porter assistance ou s'assurer qu'il reçoit les soins nécessaires* ».
Il en est de même pour l'impossibilité d'être informé. En effet, dans cette impossibilité, il est question du cas où le patient est inconscient. Le praticien ne pouvant pas l'informer au vu de son état, se doit de lui prodiguer des soins si le cas du patient est préoccupant.

- **Le refus du patient d'être informé**

Le contrat médical ivoirien est muet sur le refus du patient d'être informé. Il traite plutôt du refus de soin règlementé par l'alinéa troisième de l'article 28 du Code de déontologie médicale ivoirien qui dispose :
« *En cas de refus, il peut cesser ses soins dans les conditions de l'article 35 du même code.* »
Le refus des soins est enfermé dans des conditions tels que nous le décrit le dernier alinéa de l'article 28 du Code de déontologie médicale ivoirien.
Revenons sur le refus du patient d'être informé. De même que la volonté du patient dans le refus de soins est

---

quiconque s'abstient volontairement de porter à une personne en péril l'assistance que, sans risque pour lui ni pour les tiers, il pouvait lui prêter, soit par son action personnelle, soit en provoquant un secours.
Ces peines sont portées au double si le coupable avait l'obligation professionnelle ou contractuelle de porter assistance ou secours à la victime. »

respectée, il devra en être de même pour le refus d'être informé. La volonté du patient doit être prise en compte et respectée.

Après avoir étudié et proposé la cristallisation de l'obligation d'information dans le contrat médical ivoirien, nous analyserons le recueillement du consentement en droit ivoirien.

1-2 : LE RECUEILLEMENT DU CONSENTEMENT EN DROIT IVOIRIEN

Comment se recueille le consentement médical dans la pratique en Côte d'Ivoire ? Doit-on continuer avec cette pratique ? Doit-on l'aménager ou doit-on la substituer avec une autre pratique ?
Cette partie sera consacrée à la présentation de l'état actuel du recueillement du consentement médical en droit ivoirien (A). Une lucarne sera ouverte afin d'étudier la proposition d'un consentement concerté (B).

A- L'ETAT ACTUEL DU RECUEILLEMENT DU CONSENTEMENT MEDICAL

Le recueillement du consentement dans la pratique médicale en Côte d'Ivoire n'est pas clairement défini. Mais en analysant minutieusement ce qui se fait couramment, on pourrait conclure que c'est le paternalisme médical qui régit les rapports dans le couple praticien-patient. Pourquoi le paternalisme ? Le paternalisme parce qu'en droit ivoirien le patient ne jouit pas de l'autonomie dans toutes ses composantes. Le praticien en Côte d'Ivoire se considère comme « le père » et le patient comme « son fils » à qui il se doit de dispenser des soins et de prendre toutes les décisions à l'instar d'un bon père de famille. Cette pratique importée de la France consiste à présenter le professionnel de santé comme la personne la plus habilitée à réaliser le bien-être du patient et aussi, celui qui est à même de prendre les décisions à la place du patient souvent affaibli par la maladie.

En réalité, il n'y a pas de consentement médical *stricto sensu* en Côte d'Ivoire dans la pratique[97]. En effet, dans la plupart du temps, lors du colloque singulier, après avoir formulé un diagnostic et posé une indication thérapeutique, le médecin doit s'efforcer d'obtenir l'exécution du traitement comme le dit le code de déontologie médicale ivoirien. Il n'est mentionné nulle part que le médecin requiert le consentement du patient après avoir posé son diagnostic et avant l'exécution du traitement. En nous référant à cette disposition issue du

---

[97] Une parenthèse pourrait être ouverte à ce sujet. C'est vrai qu'il n'existe pas de consentement médical *stricto sensu* mais le vide juridique à ce niveau fait intervenir le droit civil en matière de contrat. Ce sont les articles 1108 et 1109 du code civil ivoirien qui régissent respectivement les conditions de validité d'une convention et la validité du consentement. Mais le contrat civil bien qu'ayant des convergences avec le contrat médical, plusieurs divergences existent notamment s'agissant du consentement. Ces deux articles ne sont utiles que dans la formation du contrat et non dans l'exécution puisqu'à la différence du contrat civil, dans le contrat médical, le consentement est censé se renouveler pour chaque acte médical.

code de déontologie médicale ivoirien, on remarque que l'avis du patient ne compte pas dans l'exécution des soins. Il n'a pas de mot à dire puisque le médecin doit s'efforcer d'obtenir l'exécution du traitement. La relation est déséquilibrée et en défaveur du patient même si le praticien fera ce qui est en son pouvoir pour le soigner. Il est vulnérable face au médecin qui est détenteur de la connaissance de l'art médical.

Nous sommes toujours sous le joug du paternalisme médical où tout est décidé pour le patient sans le patient or généralement ce qui est décidé pour une personne sans elle est décidé contre elle, même si ce n'est pas toujours le cas dans le domaine médical.

En Côte d'Ivoire, le paternalisme médical n'est pas bénéfique pour le patient parce qu'aujourd'hui le monde sanitaire ivoirien serait influencé par certaines pratiques (trafic d'organes humains, corruption, clientélisme...) qui ne favorisent pas la sécurité et le respect des patients. C'est pourquoi, il faudrait penser à revoir le fondement de la relation praticien-patient. Dans le Code de la santé publique ivoirien qui sera adopté, on devrait légiférer sur le recueillement du consentement médical mais il va falloir trouver le meilleur mode de recueillement du consentement qui prendra en compte la volonté du patient.

Dans la même dynamique certains chercheurs ivoiriens ont proposé le consentement concerté. Qu'est-ce que le consentement concerté ? Que renferme-t-il ? Pourquoi faudrait-il l'instaurer dans le contrat de soins ivoirien ?

Ces interrogations feront l'objet d'étude dans la partie suivante.

B- LA PROPOSITION D'UN CONSENTEMENT CONCERTE ?

La question du recueillement du consentement n'a pas été abandonnée par la recherche en droit ivoirien. Un des chercheurs en droit médical a proposé le consentement concerté comme mode de recueillement du consentement pour colmater la brèche en matière de consentement médical en droit ivoirien.

Pour lui, le consentement éclairé du modèle occidental ne semble pas être adapté à l'état actuel du contexte socio-sanitaire ivoirien[98], raison pour laquelle il propose le consentement concerté.

Le consentement concerté dont il fait brillamment l'éloge est assimilable au modèle de la décision partagée. Dans ce consentement, le patient qui n'est pas spécialiste de l'art médicinal va demander l'avis de l'homme de l'art sur certains paramètres afin de donner son consentement. On pourrait essayer de comprendre cette proposition si on analyse globalement le contexte socio-sanitaire ivoirien. La société ivoirienne elle-même est fortement marquée par un taux élevé d'analphabètes. Le fait d'avoir le point de vue expérimenté d'un professionnel afin de consentir à l'acte médical pourrait donc être bénéfique pour le patient.

Mais, à l'analyse du consentement concerté, plusieurs questionnements ouvrent leurs pétales :

---

[98]KABLAN Sylvain-Georges, Le contrat de soins en droit ivoirien, français et suisse, 2012, p. 238

Le patient est-il véritablement autonome dans le consentement concerté ? Le patient n'est-il pas toujours sous « l'emprise » du praticien ?
Le consentement concerté s'il est adopté, ne serait-il pas une autre appellation de ce qui se fait dans le paternalisme médical ivoirien ? Autrement dit, la pratique actuelle et le consentement concerté n'ont-ils pas le même contenu puisque parfois le praticien et le patient se concertent par endroit dans l'exécution de certains actes médicaux sur le patient ? Le médecin, bien qu'étant le détenteur de la connaissance doit-il intervenir de manière partielle dans le recueillement du consentement de son patient ? Cette intervention (même partielle) ne constitue-t-elle pas un amoindrissement de l'autonomie du patient ?

Les raisons évoquées justifiant la proposition du consentement concerté sont certes fondées et pertinentes, mais pour nous, il est important dans l'intérêt exclusif du patient, de passer du paternalisme médical à l'avènement de l'autonomie du patient. Autonomie dans laquelle, aucune pression extérieure ne pourra la remettre en cause. Une autonomie sans ambiguïté qui permettra au patient de consentir librement après avoir été valablement informé de façon claire et précise sur tous les éléments environnants de l'acte médical auquel son corps sera soumis.

Dans la logique et dans la continuité de notre analyse, il serait donc très judicieux que le législateur incruste le consentement libre et éclairé dans la future adoption du code de la santé publique ivoirien.

2 : LA NECESSITE DE FAIRE NAITRE LE CONSENTEMENT LIBRE ET ECLAIRE DANS LE CONTRAT DE SOINS EN DROIT IVOIRIEN

Il est important de faire naître le consentement libre et éclairé dans le contrat de soins en droit ivoirien pour le respect de l'autonomie du patient (2-1) et surtout pour le respect de sa dignité (2-2).

2-1 : LE RESPECT DE L'AUTONOMIE DU PATIENT

Le respect de l'autonomie du patient passe avant tout par le renoncement au paternalisme médical. Après l'avoir fait, il faudrait, pour que le respect du patient soit effectif, promouvoir le respect de son autonomie.

Le renoncement au paternalisme médical. - Renoncer au paternalisme médical reviendrait à couper le cordon ombilical d'une partie du système sanitaire actuel basée sur le paternalisme médical « exagéré ». Les données actuelles font état d'une société dans laquelle les libertés individuelles sont mises en avant. Or, en Côte d'Ivoire, le respect du patient est devenu une denrée rare. C'est pourquoi pour restaurer ce respect, il faudrait impérativement passer par une porte : celle du renoncement au paternalisme médical. Il faut qu'un vent nouveau souffle sur tout le système en passant d'abord par la restauration de la relation praticien-patient dans laquelle le patient sera l'épine dorsale.

La promotion du respect de l'autonomie du patient dans un contexte influencé par le paternalisme radical. - La promotion du respect de l'autonomie du patient reste l'une des conditions les plus importantes dans le système sanitaire ivoirien actuel. En effet, le système ivoirien n'a pas encore placé le patient au cœur de son organisation et de son fonctionnement. C'est pourquoi, celui-ci est en grande partie négligé et n'est pas véritablement protégé contre les abus de certains professionnels de santé.

La plaie qui ronge les organisations en Afrique en général et en Côte d'Ivoire en particulier, est la question de l'irresponsabilité à tous les niveaux.

Le renforcement du concept de responsabilité n'arrêtera certainement pas les abus ni les fautes, mais il peut poser des balises en vue de protéger davantage la patientèle ivoirienne.

Si on arrive à l'instaurer de façon efficiente, les contrevenants aux principes préétablis seront moins tentés d'enfreindre les règles et réfléchiront préalablement aux sanctions qui leur seront infligées suites aux préjudices qu'ils causeront à leurs patients. Raison pour laquelle cette promotion de l'autonomie du patient, doit se faire concomitamment avec une révision de la responsabilité des professionnels de santé. Il faudrait le marteler et être dissuasif sur ce point afin que le patient soit respecté sur tous les plans.

Cette décennie a été le théâtre de plusieurs fautes imputables aux praticiens entre autres : mort des patientes à la suite d'une négligence pendant l'accouchement, mort des patients à la suite d'une

négligence ou d'une faute médicale dans l'exécution des soins, maltraitance des patients sans oublier le traitement indécent (injures et mauvais traitements) etc.
Dans cette pléthore de cas, on peut citer des cas assez récents. Le premier est celui de la mort des jumeaux du sieur Moro Armand. Ces jumeaux sont décédés le 8 avril 2021, quelques heures après leur naissance alors qu'ils étaient nés prématurément. Les raisons évoquées par le père, lui qui a vécu ces heures tragiques pour ses progénitures, étaient la négligence du gynécologue en garde et du personnel soignant pendant que les nouveau-nés manquaient d'oxygène. A la négligence, ce sont ajoutés des propos dégradants mettant en marge le professionnalisme de l'équipe médicale. Après ces pertes en vie humaine, les autorités sanitaires précisément le ministre de la Santé a reçu la famille éplorée et a décidé de faire une enquête qui jusque-là n'a pas encore fourni ses premières conclusions.

Le deuxième cas est également un cas de négligence pendant l'accouchement qui a occasionné un décès. Des faits, il ressort que le 6 mai 2021, Dame Zerbo Habi, vendeuse devant l'hôpital général de la ville d'Adzopé[99], est passée de vie à trépas du fait de sa chute de la table d'accouchement pendant ses contractions. On a relevé une extrême négligence imputable à l'équipe médicale composée du gynécologue et des sages-femmes.

[99] Adzopé est une ville située dans la partie australe de la Côte d'Ivoire dans la région de la Mé à 105 Km d'Abidjan, Capitale économique.

Mécontents de cette négligence et du mauvais traitement subi par la trépassée, les habitants de la ville ont organisé une marche de protestation quelques heures après l'enterrement de celle-ci. Après cet épisode sans doute douloureux pour l'époux et pour toute la famille, l'équipe médicale avait été arrêtée et placée en garde à vue en attendant d'être déférée devant le parquet qui allait indubitablement les inculper pour négligence et homicide involontaire.
Encore, pour cette affaire, on est resté sur notre faim concernant les conclusions de l'enquête et surtout la publication de la décision s'il y a eu un procès.

Ces deux affaires précitées, baignant dans une profusion de cas, qui ne sont pas toujours rendus publics sont à prendre très au sérieux tant par les différents ordres professionnels, les instances judiciaires, le législateur que par le ministère de la santé qui a la charge de ce vaste domaine.
Il faut une prise de conscience collective de tous ces acteurs afin qu'on arrive enfin à la reconnaissance de l'autonomie du patient. On ne devrait plus en principe compter les morts par manque de professionnalisme imputable aux professionnels de santé. Le législateur devrait monter au créneau afin de légiférer sur l'autonomie et le respect du patient dans toute sa latitude. Cette responsabilité doit également concerner le monde judiciaire parfois un peu novice dans les affaires médicales. Les procès devraient être menés à bout et on devrait publier les décisions afin qu'elles soient sues de tous. Ça pourrait être dissuasif pour les professionnels. Plusieurs affaires n'ont pas eu de suites pourtant les

dommages étaient énormissimes. Il faut créer une plateforme en ligne pour que les décisions soient consultables et facilement accessibles.
Le patient également devra jouer un rôle important en quittant sa zone de peur. En Afrique en général et particulièrement en Côte d'Ivoire, la culture de la justice n'est pas très développée. On préfère le règlement amiable, sous l'arbre à palabre. Il faudrait que le patient épouse véritablement l'ère de la judiciarisation parce que c'est lui qui subit les dommages et c'est à lui de porter son action en justice à cause de son intérêt à agir même si parfois le parquet peut s'autosaisir dans certains cas prévus par la loi. La judiciarisation des affaires médicales pourrait être une solution à l'irresponsabilité de certains professionnels véreux qui entachent la crédibilité de leurs corporations respectives.

2-2 : LE RESPECT DE LA DIGNITE HUMAINE

Historiquement, le mot dignité vient du latin *dignitas* qui correspond soit à la jouissance d'une charge honorifique, soit au respect dû à la personne humaine[100].
La notion de dignité en plus d'être une notion polysémique, est une notion omniprésente et essentielle en droit médical. La dignité humaine, donc du patient est un droit fondamental qui lui est reconnu depuis le commencement de sa vie et perdure par-delà la mort.

---

[100] *Dictionnaire de droit de la santé,* p. 137

Jacques Ricot[101] fait une distinction à trois niveaux sémantiques concernant la dignité. Le premier niveau sémantique qu'il traite est la dignité au sens ontologique. En effet, cette dignité est immanente à l'être humain indépendamment de certains éléments (son handicap, son âge, son physique, son état de santé etc.). En considérant cet aspect définitionnel, on peut librement affirmer qu'aucun être humain ne peut perdre sa dignité. Le deuxième niveau sémantique traité par Ricot est la « dignité-décence ». Dans cette forme de dignité, on retrouve l'indépendance vis-à-vis des autres. En fait, l'homme ne devrait pas être une charge pour son entourage et ne devrait pas laisser entrevoir une image avilissante de lui.
La troisième et dernière distinction faite par Ricot est que la dignité peut renvoyer à la liberté. De ce fait, un homme digne est revêtu de la liberté et peut disposer de son corps comme bon lui semble.

Dans la Déclaration Universelle des Droits de l'Homme (DUDH) adoptée par l'ONU en 1948, le préambule rappelle que :

« *La reconnaissance de la dignité inhérente à tous les membres de la famille humaine et de leurs droits égaux et inaliénables constitue le fondement de la liberté* ».

---

[101] Jacques Ricot est agrégé et docteur en philosophie, chercheur associé au département de philosophie de l'université de Nantes. Membre de la Société française d'accompagnement et de soins palliatifs (SFAP), il intervient dans les formations des personnels soignants.

Le préambule de la Déclaration Universelle des Droits de l'Homme fait de la reconnaissance de la dignité inhérente à la famille humaine un principe incontournable et sacré. L'élément constitutif du fondement de la liberté selon la Déclaration Universelle des Droits de l'Homme, est la reconnaissance de la dignité.
La charte africaine des droits de l'homme et des peuples, ne s'oppose pas à la sacralité de ce principe. Elle énonce :

« *Tout individu a droit au respect de la dignité inhérente à la personne humaine et à la reconnaissance de sa personnalité juridique. Toutes formes d'exploitation et d'avilissement de l'homme notamment l'esclavage, la traite des personnes, la torture physique ou morale, et les peines ou les traitements cruels inhumains ou dégradants sont interdites*[102]. »

Cette version proposée par la charte africaine est beaucoup plus profonde. En plus de mettre en avant le respect de la dignité inhérente à la personne humaine, elle interdit toute forme d'exploitation et d'avilissement de l'homme.

Dans la nouvelle constitution ivoirienne du 8 Novembre 2016, l'alinéa 3 de l'article 2 dispose : « *Tout individu a droit à la dignité humaine et à la reconnaissance de sa personnalité juridique* ».

Faire naître le consentement libre et éclairé dans le contrat de soins en droit ivoirien permettra de mettre au

---

[102] Article 5 de la charte africaine des droits de l'homme et des peuples

premier plan le respect la dignité du patient qui est déjà affaibli par la maladie.
Laisser le patient consentir à l'acte médical de façon libre et éclairé, c'est le respecter et reconnaître sa dignité. Mais rester toujours dans les rideaux du paternalisme médical tel qu'il se présente en Côte d'Ivoire, c'est ne pas considérer le patient dans toute sa complétude. Même si le médecin est le plus averti en matière de connaissances scientifiques par rapport au patient et connaît le remède pour le guérir, c'est au patient qui est maître de son corps, et c'est à lui seul, de décider de la faisabilité des actes médicaux qui doivent lui être administrés. Il est vrai que le contexte socio-sanitaire ivoirien est beaucoup fragile à cause de la majorité des patients qui est exposée à la précarité ; il est également vrai que nos cultures et traditions sont influencées par l'altruisme et la primauté du groupe sur l'individu, mais il faut arriver à les distinguer et à consacrer l'autonomie du patient au travers de l'intégration du consentement libre et éclairé dans les rapports dans le couple praticien – patient. Cette relation contractuelle entre le praticien et le patient en Afrique, mais plus précisément en Côte d'Ivoire, est aussi dominée par la famille qui souvent prend toutes les décisions à la place du patient.

« *Nous avons déjà abordé les conséquences de l'hétéronomie des patients africains, il est évident que si la notion d'autonomie s'installait dans tous les esprits, le milieu médical africain évoluerait différemment. La relation médecin/patient s'orienterait vers une relation de partenariat entre deux individus égaux, contrairement à la situation actuelle où l'on observe le paternalisme absolu des praticiens face à la crédulité et la soumission totale des malades. De plus ce réveil de l'autonomie conduirait à la mise en place de structures d'encadrement, comme des comités d'éthique, ce qui éviterait les débordements actuels de certaines recherches biomédicales sur l'être humain. Enfin, beaucoup d'Africains s'interrogeraient avant d'aller chez le féticheur pour observer les sacrifices d'animaux réputés nécessaires à la guérison.*[103] »

Effectivement tant qu'on n'aura pas une relation de partenariat entre des individus égaux, ce serait impossible de parler du respect de la dignité et par conséquent d'autonomie.
Le besoin de passer des « ténèbres à la lumière », autrement dit passer du paternalisme médical « exagéré » à un système dans lequel le patient est la pierre angulaire, est impérieux.

---

[103] Débora LOLONGA et François HIRSCH, *Le concept d'autonomie de la personne à l'épreuve de la culture africaine.* p. 187

CONCLUSION

Au terme de notre réflexion, il convient de retenir que le consentement médical (libre et éclairé) en droit médical français autrefois quasi-inexistant, a réussi à se faire une véritable place dans le contrat médical. Aujourd'hui, nombreuses sont les décisions qui sont rendues par les instances judiciaires sur le non-respect de cette condition *sine qua non* au contrat médical. Ce qui justifie son importance indéniable. Malgré son incrustation dans le droit médical français, on constate que des efforts restent à faire quand on lit certaines jurisprudences dans lesquelles le consentement a été vicié. L'expérience de la mise en place du consentement libre et éclairé devrait permettre à tous les acteurs de ne jurer que par ce principe mettant sous les projecteurs l'autonomie du patient.

La Côte d'Ivoire, cette belle nation cosmopolite, qui respire l'espérance, devrait revoir tout son système sanitaire en mettant l'accent sur la restauration de la relation praticien – patient, qui dans la pratique, est très déséquilibrée. Son niveau de développement actuel doit lui imposer la mise en place des valeurs prônant le respect de l'autonomie du patient. Mais cela doit passer par les États Généraux de la santé, la révision effective du Code la santé publique et l'assainissement du monde sanitaire. Pour le recueillement du consentement médical, il serait plus judicieux pour elle d'adopter l'assentiment libre et éclairé. Toujours enracinée dans le paternalisme médical,

elle doit arriver à s'en défaire progressivement afin de lancer les dés de l'autonomie du patient.
L'adoption du consentement libre et éclairé dans le contrat médical pourra peut-être, tracer les sillons du droit médical ivoirien qui jusque-là est encore à l'étape embryonnaire.

BIBLIOGRAPHIE

OUVRAGES

Bernice S. Elger, *Le paternalisme médical : Mythe ou Réalité ?* Editions Médecine et Hygiène, 2010

Bernard HŒRNI et J. P. BOUSCHARAI, *HISTOIRE DES SCIENCES MÉDICALES* - TOME XXX V - № 3 - 2001

L. SEVE, in B. DORAY, *La dignité : Les debouts de l'utopie*, La dispute, 2006,

Anne Laude, Bertrand Mathieu, Didier Tabuteau, *Droit de la santé,* 2ème édition mise à jour, 2009

Stéphanie PORCHY-SIMON, Droit des obligations, 2021, 13ème Edition

Jean-René Binet, *Cours droit médical,* Edition 2010

Gérard MÉMETEAU et Marion GIRER, *Cours de droit médial,* 5ème Edition LEH Edition 2016

ARTICLES

- Gérard MÉMETEAU, *Eloge du Paternalisme,* Revue générale de droit médical, n° 62 mars 2017
- Conseil national de l'Ordre des médecins, *Le Serment d'Hippocrate*, 2012
- Portes (Louis) : « *Du consentement à l'acte médical* » (Communication à l'Académie des Sciences Morales et

Politiques, 30 janvier 1950), in A la recherche d'une éthique médicale, Paris, Masson et PUF, 1955,

- Philippe Amiel, François Vialla, La vérité perdue du « code de Nuremberg » : réception et déformations du "code de Nuremberg" en France (1947-2007), Rev. dr. sanit. et soc. RDSS 2009 ;4 :673-687
- Extrait du jugement du TMA, Nuremberg, 1947 (trad. française in F. Bayle, Croix gammée contre caducée. Les expériences humaines en Allemagne pendant la Deuxième Guerre Mondiale, Neustadt, Commission scientifique des crimes de guerre, 1950)
- D. Tabuteau : « L'obligation d'information a posteriori en droit de la santé », in C. Kouchner, A. Laude et D. Tabuteau : Rapport sur les droits des maladies 2007-2008, Presses de l'EHESP 2009,
- Charles Joseph-Oudin, « *AFFAIRE DU MÉDIATOR : UN JUGEMENT CORRECTIONNEL EN DEMIE-TEINTE* », 2021
- C. Esper, « *La personne de confiance : obligations légale, morale, juridique ?* » Revue Générale de Droit Médical 2003
- C Perrin, « *La personne de confiance, un tiers dans la relation patient-médecin* », Le concours médical 2006
- « *L'âge de la majorité civile ramené à 18 ans* » Abidjan.net, 2019
- « *La CMU, un système obligatoire pour les personnes résidant en Côte d'Ivoire* » Abidjan.net, 2015
- « *Côte d'Ivoire - Couverture Maladie Universelle : 555 729 personnes enrôlées au 1er semestre 2020* » Abidjan.net, 2020
- « *Principes méthodologiques généraux pour la recherche et l'évaluation de la médecine traditionnelle* », Organisation Mondiale de la Santé, 2000

- « Médecine traditionnelle : La Côte d'Ivoire, pionnière en Afrique », Théodore Kouadio, 2014
- « *Institutions politiques et droit constitutionnel en Côte d'Ivoire* » Francis V. Wodié, Presses universitaires de Côte d'Ivoire, juillet 1996
- « *Lancement du processus de révision du Code de la santé publique de Côte d'Ivoire* », Expertise France en Côte d'Ivoire, 2018
- « *LE TAUX D'ANALPHABÉTISME A CHUTE DE 7.2% EN COTE D'IVOIRE* », Education, 2017
- Débora LOLONGA et François HIRSCH, *Le concept d'autonomie de la personne à l'épreuve de la culture africaine,* Revue du CAMES - Nouvelle Série B, Vol. 009 N° 2-2007 (2ème Semestre)
- STAHL Bernard, *Le consentement médical,* Revue juridique de l'ouest, 1998, p.289-314

DECLARATIONS, CONVENTIONS, CHARTES

- Déclaration sur la promotion des droits des patients en Europe (O.M.S., Bureau de l'Europe, 1994)
- Déclaration Universelle des Droits de l'Homme
- Déclaration d'Helsinki (Document 17.C)
- Convention sur les Droits de l'Homme et la biomédecine, 4.IV.1997
- Convention d'Oviedo et ses Protocoles
- Charte africaine des droits de l'homme et des peuples

LOIS & DECRETS

❖ LOIS FRANÇAISES ET DECRETS

- Loi française n°54-418 du 15 avril 1954 instituant le code de la santé publique
- Loi nº 2002-303 du 4 mars 2002 relative aux droits des malades et à la qualité du système de santé
- Loi n° 94-653 du 29 juillet 1994 relative au respect du corps humain
- Loi n° 2021-1040 du 5 août 2021 relative à la gestion de la crise sanitaire
- Décret n° 2012-694 du 7 mai 2012 portant modification du code de déontologie médicale

❖ LOIS IVOIRIENNES ET DECRETS

- Loi n°61-320 du 17 octobre 1961 sur la protection de la santé publique
- Loi n°65-250 du 4 août 1965 sur le régime du médicament
- Loi n° 62-248 du 31 juillet 1962 instituant un code de déontologie médicale
- Loi n°62-249 du 31 juillet 1962 instituant un code de déontologie pharmaceutique
- Loi n° 76-818 du 26 novembre 1976 relative à l'institution d'un code de déontologie des chirurgiens-dentistes
- Loi de 1993 sur les substances thérapeutiques d'origine humaine
- Loi n°2014-131 du 24 mars 2014 instituant la couverture maladie universelle

- Loi n°2015-536 du 20 juillet 2015 relative à l'exercice et à l'organisation de la médecine et de la pharmacopée traditionnelles
- Loi n° 70-483 du 3 aout 1970 relative à la minorité
- Loi n° 2016-886 du 8 novembre 2016 portant Constitution de la République de Côte d'Ivoire
- Décret n°2016-24 du 27 janvier 2016 a été voté, portant Code d'éthique et de déontologie des praticiens de médecine et de pharmacopée traditionnelles

CODES

CODES FRANÇAIS

- Code de la santé publique
- Code civil Français
- Code de déontologie médicale

CODES IVOIRIENS

- Code de déontologie médicale ivoirien
- Code civil Ivoirien
- Code de déontologie des chirurgiens-dentistes ivoirien
- Code pénal ivoirien

JURISPRUDENCES

- Chambre des Requêtes de la Cour de cassation, 28 janvier 1942, Teyssier
- Cass. civ. 1ere, 21 février 1961, D. 1961, 534, JCP G 1961, II, n° 12129, obs. R Savatier.
- Cour de cassation, 1re civ., 25-02-1997 n° 94-19.685
- Cour de cassation, chambre civile 1, 27 octobre 1953, JCP 1953, II, n° 7891

- Cour de cassation, chambre civile 1, 27 Oct. 1982, Bulletin. Civil. I, n°307
- Cour de Cassation, Chambre civile 1, du 11 octobre 1988, 86-12.832
- CA Lyon 17 Nov. 1952, JCP 1953, II n° 7541, R.Savatier

THESES

- Morgan Le Goues, *Le consentement du patient en droit de la santé,* 2016, p. 657
- KABLAN Sylvain-Georges, Le contrat de soins en droit ivoirien, français et suisse, 2012, p. 358

DICTIONNAIRE ET ENCYCLOPEDIE

- Dictionnaire de droit de la santé, Edition 2017
- Dictionnaire anglais *Oxford English*
- Le dictionnaire Le Grand Robert
- Dictionnaire Le Grand Larousse

SITOGRAPHIE

- www.geo.fr/histoire/proces-de-nuremberg-les-criminels-nazis-devant-la-justice-202232
- www.coe.int/fr/web/bioethics/oviedo-convention
- www.village-justice.com
- www.news.abidjan.net/h/656695.html
- www.news.abidjan.net/h/526027.html

www.businessfrance.fr
www.who.int/topics/traditional_medicine/definitions/fr.
www.expertisefrance.fr
www.gouv.ci
Www.larousse.fr

TABLE DES MATIERES

SOMMAIRE 9

INTRODUCTION 11

PARTIE I 19

L'EXISTENCE DU CONSENTEMENT DANS
LE DROIT MEDICAL FRANÇAIS 19

CHAPITRE I 21

DU PATERNALISME MEDICAL A L'AVENEMENT DU CONSENTEMENT EN DROIT MEDICAL FRANÇAIS 21

1- LE PATERNALISME MEDICAL 21

1-1 LES RAISONS DU PATERNALISME MEDICAL 21

A- LA DEFINITION DU PATERNALISME MEDICAL 22

B- LE CONTEXTE DE JUSTIFICATION DU PATERNALISME MEDICAL DANS LE DROIT FRANÇAIS 24

1-2 LE PATERNALISME MEDICAL: UNE INFANTILISATION DU PATIENT 29

2- LA CONSECRATION DU CONSENTEMENT MEDICAL DANS LE CONTRAT DE SOINS EN DROIT FRANÇAIS 31

2-1 : LES PREMICES DU CONSENTEMENT MEDICAL DANS LA JURISPRUDENCE ET DANS LES TEXTES INTERNATIONAUX 32

A- LA CONSECRATION JURISPRUDENTIELLE (L'arrêt Teyssier -28 janvier 1942) 32

B- LES TEXTES INTERNATIONAUX TRAITANT DU CONSENTEMENT MEDICAL 35

a- LE CODE DE NUREMBERG DE 1947 35

b- LA DECLARATION D'HELSINKI DE L'ASSOCIATION MEDICALE MONDIALE (AMM) DE 1964 40

c- LA DECLARATION POUR LA PROMOTION DES DROITS DES PATIENTS EN EUROPE DE 1994 42

d- LA CONVENTION D'OVIEDO SUR LES DROITS DE L'HOMME ET LA BIOMEDECINE DE 1997 43

2-2-LA FORMALISATION DU CONSENTEMENT LIBRE ET ÉCLAIRÉ EN DROIT FRANÇAIS 45

A- LE CONSENTEMENT SOUS L'ANGLE DU CODE CIVIL 45

B- LE CONSENTEMENT LIBRE ET ECLAIRE SOUS L'ANGLE DE LA LOI KOUCHNER 47

CHAPITRE II : LE CONSENTEMENT LIBRE ET ECLAIRE EN DROIT MEDICAL FRANÇAIS 51

1: L'ASSENTIMENT LIBRE ET ECLAIRE DU PATIENT: UNE CONDITION ESSENTIELLE A LA VALIDATION DU CONTRAT DE SOINS 51

1-1: L'INFORMATION DANS LA RECHERCHE DU CONSENTEMENT 51

A- L'OBLIGATION D'INFORMATION PREALABLE A L'ACTE MEDICAL: OBLIGATION DU MEDECIN ET DROIT DU PATIENT 52

B- LES EXCEPTIONS A L'INFORMATION PREALABLE 55

1-2 : LE RECUEILLEMENT DU CONSENTEMENT MEDICAL 58

A- LES CARACTERES DU CONSENTEMENT MEDICAL 58

B- LES LIMITES DU DROIT AU CONSENTEMENT DU PATIENT 61

a- Les actes médicaux dans certaines carrières professionnelles 62

b- Les actes médicaux avant le mariage 65

c- Les actes médicaux pour les enfants 65

1-3 : LES SANCTIONS EN CAS D'ABSENCE OU DE VICE DE CONSENTEMENT MEDICAL 65

A- LA RESPONSABILITE CIVILE DU PRATICIEN EN CAS D'ABSENCE OU DE VICE DE CONSENTEMENT MEDICAL 66

B- LA RESPONSABILITE PENALE DU PRATICIEN EN CAS D'ABSENCE OU DE VICE DE CONSENTEMENT MEDICAL 68

C- LA RESPONSABILITE DISCIPLINAIRE DU PRATICIEN EN CAS D'ABSENCE OU DE VICE DE CONSENTEMENT MEDICAL 70

2: LE CONSENTEMENT DONNÉ PAR AUTRUI 71

2-1: LES SUBSTITUTIONS DE L'ASSENTIMENT PREVUES PAR LE PATIENT 71

A- LA PERSONNE DE CONFIANCE 73

B- LA FAMILLE ET LES PROCHES 75

2-2: LES SUBSTITUTIONS DE L'ASSENTIMENT PREVUES PAR LA LOI 76

A- LE CAS DU MINEUR NON EMANCIPE..................... 77

B- LE CAS DU MAJEUR INCAPABLE.............................. 78

PARTIE II : 81

LE CONSENTEMENT DANS LE CONTRAT DE SOINS EN DROIT IVOIRIEN A LA LUMIÈRE DU DROIT FRANÇAIS 81

CHAPITRE I 83

L'ABSENCE DE REGLEMENTATION PRECISE SUR LE CONSENTEMENT MEDICAL DANS LE CONTRAT DE SOINS EN DROIT IVOIRIEN.................... 83

1: LE CONSENTEMENT DANS LE CONTRAT DE SOINS AU REGARD DE L'ENVIRONNEMENT JURIDIQUE IVOIRIEN.. 83

1-1: LES TEXTES FAISANT OFFICE DE LEGISLATION EN MATIERE DE SANTE EN CÔTE D'IVOIRE 84

A- LA LOI N°61-320 DU 17 OCTOBRE 1961 SUR LA PROTECTION DE LA SANTE PUBLIQUE 85

B- LA LOI N°65-250 DU 4 AOUT 1965 SUR LE REGIME DU MEDICAMENT 85

C- LA LOI N° 62-248 DU 31 JUILLET 1962 INSTITUANT UN CODE DE DEONTOLOGIE MEDICALE 86

D- LOI N°62-249 DU 31 JUILLET 1962 INSTITUANT UN CODE DE DEONTOLOGIE PHARMACEUTIQUE 88

E- LA LOI N° 76-818 DU 26 NOVEMBRE 1976 RELATIVE A L'INSTITUTION D'UN CODE DE DEONTOLOGIE DES CHIRURGIENS-DENTISTES 89

F- LA LOI N° 93-672 DU 9 AOUT 1993 SUR LES SUBSTANCES THERAPEUTIQUES D'ORIGINE HUMAINE 90

G- LA LOI N°2014-131 DU 24 MARS 2014 INSTITUANT LA COUVERTURE MALADIE UNIVERSELLE (CMU) 97

H- LA LOI N°2015-536 DU 20 JUILLET 2015 RELATIVE A L'EXERCICE ET A L'ORGANISATION DE LA MEDECINE ET DE LA PHARMACOPEE TRADITIONNELLES 100

1-2: L'INEXISTENCE D'UN CODE DE SANTE PUBLIQUE MODERNE 104

A- L'IMPORTATION DU CODE DE LA SANTE PUBLIQUE FRANÇAIS DE 1953 104

B- L'INACTION DU LEGISLATEUR DANS LES DOMAINES CRUCIAUX DE DEVELOPPEMENT DEPUIS LA CÔTE D'IVOIRE INDEPENDANTE 107

2: LA NECESSITE ET L'URGENCE D'ETABLIR UN NOUVEAU CODE DE LA SANTE PUBLIQUE IVOIRIEN 111

2-1: UN PROJET DE LOI INSTITUANT UN CODE DE SANTE PUBLIQUE IVOIRIEN 112

2-2 : UNE PROPOSITION DE LOI INSTITUANT UN CODE DE SANTE PUBLIQUE IVOIRIEN 113

CHAPITRE II 117

L'ADHESION AU CONTRAT DE SOINS EN DROIT IVOIRIEN : L'EQUIVALENT DU CONSENTEMENT ECLAIRE ET LIBRE EN DROIT FRANÇAIS 117

1: LE PATERNALISME MEDICAL : PRATIQUE EN COTE D'IVOIRE 119

1-1: L'OBLIGATION D'INFORMATION: UNE OBLIGATION QUASI-INEXISTANTE EN DROIT IVOIRIEN 119

A- LE CARACTERE FRAGMENTAIRE CONCERNANT L'OBLIGATION D'INFORMATION 120

B- LA PROPOSITION DE LA CRISTALLISATION DE L'OBLIGATION D'INFORMATION DANS LA RECHERCHE DU CONSENTEMENT DANS LE CONTRAT MEDICAL IVOIRIEN 122

1-2: LE RECUEILLEMENT DU CONSENTEMENT EN DROIT IVOIRIEN 128

A- L'ETAT ACTUEL DU RECUEILLEMENT DU CONSENTEMENT MEDICAL 128

B- LA PROPOSITION D'UN CONSENTEMENT CONCERTE? 131

2: LA NECESSITE DE FAIRE NAITRE LE CONSENTEMENT LIBRE ET ECLAIRE DANS LE CONTRAT DE SOINS EN DROIT IVOIRIEN 133

2-1: LE RESPECT DE L'AUTONOMIE DU PATIENT 133

2-2: LE RESPECT DE LA DIGNITE HUMAINE 137

CONCLUSION 143

BIBLIOGRAPHIE 145